売れない時代に、なぜ売れる?

地方の家具店が、
ネットビジネスによって、
年商200億円超の会社へと急成長!

タンスのゲン株式会社 代表取締役
橋爪福寿 著

プレジデント社

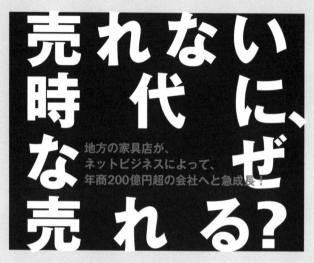

はじめに

最初に断っておきます。本書は「ＥＣ経営」の指南書ではありません。こうすればうまくいくという成功哲学も書いていません。

ですから、そういうものを期待されてこの本を手に取った方は、がっかりすると思います。だいたい私は、歴史に名を刻むような名経営者ではありませんし、私の人生に、誰もが目を見張るような華麗なサクセスストーリーがあるわけでもないので、そんな本を書くのは、土台無理なのです。

「恥の多い生涯を送って来ました」

太宰治の『人間失格』は、この一文から始まります。

私も還暦を数年後に控えたいま、自分の人生を振り返ると、頭に浮かぶのはうまくいったことよりも、無様に失敗して恥をかいた場面ばかりです。

私は、その恥ずかしい話を、勇気をふりしぼってこれからこの本に書いていこうと思っています。

それが私の、そして「タンスのゲン」の歴史そのものだからです。

おかげさまで2002年7月にネットショップを開始したタンスのゲンは、売上高200億円を超える企業に成長しました。けれども、ここまでこられたのは、私に経営者としての特別な才能があったからではありません。

なにしろ、ネットショップをやろうと思い立ったときは、どこにでもあるような夫婦で営む家具屋の店主で、パソコンすらろくに触ったことがない素人同然の経営者だったのです。

もちろん、ネットビジネスのことなどまるでわかりませんから、必要な知識やスキルは研修や勉強会に参加して、泥縄式に習得しました。

会社経営も同じです。ひたすら経営書を読み漁り、自分の足りないところを埋めていくのみ。海外のビジネススクールで最新の経営学を学び、輝かしいMBAの資格をもつ経営者とは、そもそも次元が違うのです。

ただ、そんな私にも唯一できることがありました、それは、亡き父から叩きこまれた、常にお客さまのことを考えることと、朝早くから夜遅くまで一年中働くということ。父は昭和という時代に自分で家具をつくり、それから卸しや小売りも手がけていました。そこで、わが身を通して、そういう商売の基本を身に付けたのです。それがネットビジネスにそのまま通用するかどうかわかりませんでしたが、リアルもネットも同じ客商売だし、ほかにやり方も知りませんので、私もそれを踏襲しました。

このあたりの詳しい話は、これから思い出しながら文章にしていきますので、興味のある人は読んでみてください。

果たしてこんな私の話が、どれだけ読者のみなさまの役に立つかわかりませんが、タンスのゲンを経営する私というのが、どんな人間なのかを理解する手がかりにはなると思います。

それから、本書にはもう1つ記しておきたいことがあります。

それは、タンスのゲンが本社を構える、福岡県大川市に対する私の思いです。現在の大川は、日本一の家具の生産地でありながら、少子高齢化や家具市場の縮小などの影響で人が減り、閉じている工場や店も多く、全盛期の活気はすっかり失われてしまいました。

私はそれが残念でたまりません。ベニヤ板を抱えた人や材木を積んだトラックが行き交い、軒を連ねる家具の小売店にはお客さんが途切れない……。私にとって大川は、そういう町なのです。

そして、いつしか、再び大川にかつてあったエネルギーを取り戻すのが私の使命だと考えるようになりました。

それが、「インテリアバレー構想」です。

こちらはまだ緒に就いたばかりですので、詳細な青写真を示すことまではできませんが、考え方やすでに動き始めている取り組みなどは、ここで披露しようと思っています。

それでは、恥の多い私の人生から、語っていくことにしましょう。

タンスのゲン株式会社　代表取締役　橋爪福寿

大川市MAP

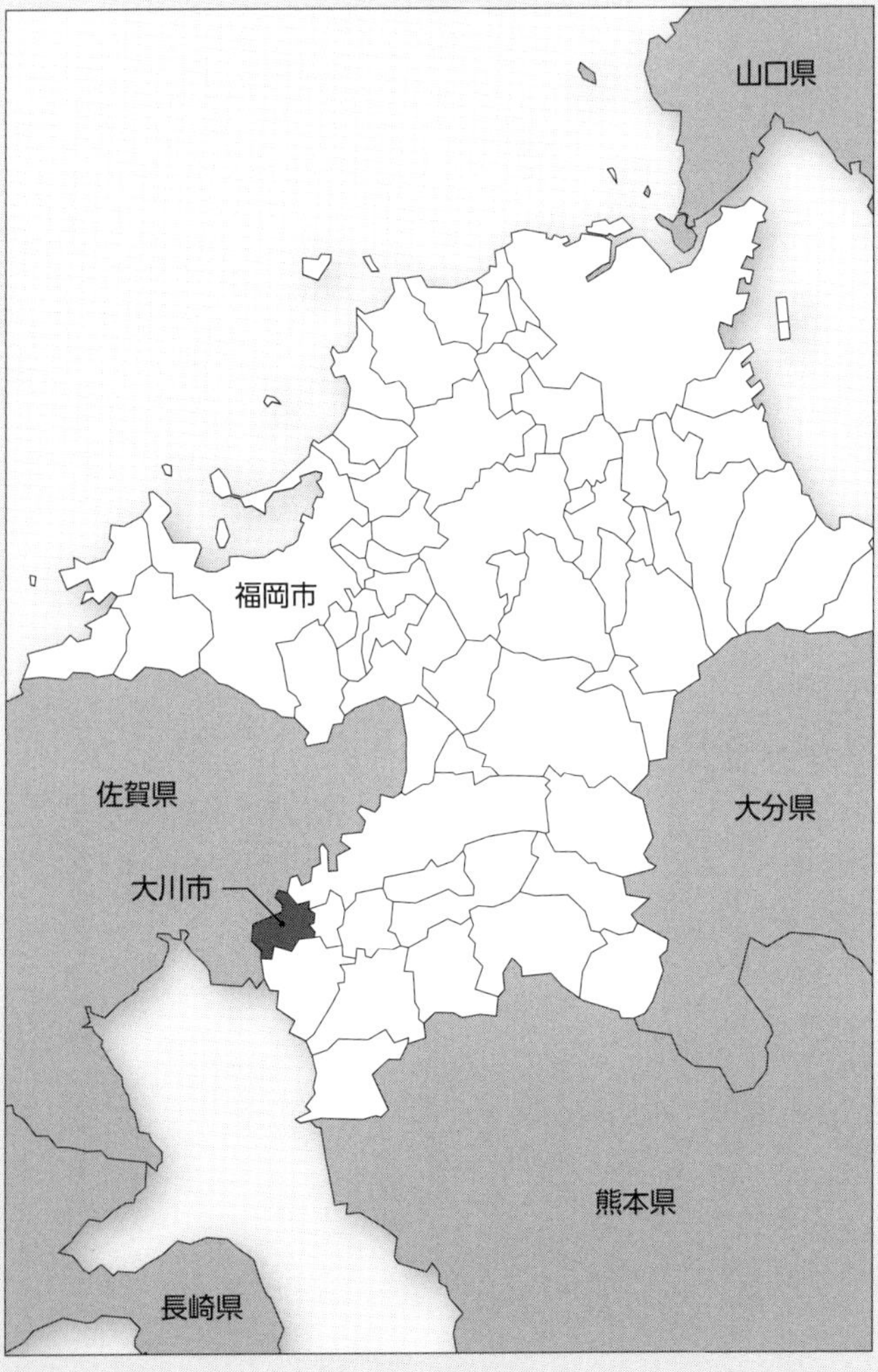
山口県
福岡市
佐賀県
大分県
大川市
熊本県
長崎県

タンスのゲン本社

エントランス

リラックスルーム

第3章 拡大を続ける「ビジネス・モデル」とは？

第4章 ハードワークを選ぶ自由もある!?

第1章

大川の復活。インテリアバレーへ

もう一度この地に
賑わいを取り戻したい。
なぜなら、ここは
私の生まれ故郷だからです。

大川から世界を目指す！

九州第一の河川、筑後川の下流に位置する福岡県大川市。私たちの会社・タンスのゲン株式会社は、ここで誕生し、現在もこの地を拠点に活動しています。

そんな当社が掲げるコーポレートメッセージは、以下のようになります。

「大川を、世界のインテリアバレーに。」

人口わずか3万3000人の小さな地方都市を、世界中からインテリアに関するヒト・モノ・情報が集まる一大拠点にしよう、いや、してみせるという思いと意気込みが、ここには込められています。

九州の片田舎の小企業がずいぶん大きく出たものだ。

いくらなんでも大風呂敷を広げすぎだろう。

そう思った人も少なくないでしょう。

もちろん、私は、これが決して簡単ではないことも理解しています。

当社の2020年の売上高は約220億円。また、「楽天ショップ・オブ・ザ・イヤー2018」では、5万店舗以上のショップの中から総合2位（2020は9位）に選ばれ、インテリア・寝具・収納部門では通算5回受賞を果たしています。


2002年にインターネット通販を始めてからようやくここまできました。しかし、ここ大川とタンスのゲンの存在を世界に向かってアピールするには、この程度ではまだまだ足りません。

売上高も、最低でも1000億円は必要です。

それでも、私は大川を世界のインテリアバレーにできると、本気で信じています。本気だからコーポレートメッセージに掲げたのです。

タンスのゲンECサイト

コーポレートメッセージというのは社長室の壁に額に入れて飾っておくものではなく、必ず実現させるものなのです。

スペイン・バスク地方のサン・セバスチャンは、面積が約60キロと大川市の2倍弱の地方都市ですが、新型コロナウイルスが流行する前の2018年には、世界中からおよそ70万人もの観光客が訪れています。

それは、サン・セバスチャンが「世界一の美食の町」として認知されているからです。

実際、そこにはミシュランガイドの三ツ星から、低価格で気軽に楽しめるバルまで、魅力的な店が軒を連ねており、そのどこに入っても、新鮮な食材と絶妙なタパスが味わえます。

もともとこのバスク地方には、古くから男性が集まって料理を楽しむ「美食倶楽部」という文化がありました。

1990年代には料理の技術を教える料理学校と民間企業などによる料理学会、2010年代にはヨーロッパ初の4年生料理大学がつくられたことで、料理のレベルがさらに充実します。

そこで市が、食という観光資源に重きを置いたブランディング施策を開始したところ、これが功を奏し、世界中から食通が集まるようになったのです。

このサン・セバスチャンのように、その地域に裏付けのある魅力があって、なおかつ、それをちゃんと発信することができれば、世界中からヒト、モノ、情報を集めることは、決して夢物語ではないのです。

スペインの田舎町にできたことが、大川でできないはずがありません。ましてや大川には、サン・セバスチャンの食に負けない「家具」というアピール材料があるのです。

一大産地、大川家具の歴史

日本の主要な家具の産地は、次のとおりです。

・旭川家具　北海道旭川市
・静岡家具　静岡県内
・飛騨家具　岐阜県飛騨高山市周辺
・府中家具　広島県府中市
・徳島家具　徳島県徳島市
・大川家具　福岡県大川市

この六大家具産地の中で、生産量がいちばん大きいのが大川家具。そう、大川は日本一の家具生産地なのです。

大川家具の歴史は、いまから480年前の、室町時代に始まります。その開祖といわれているのが、足利幕府・第12代将軍・足利義晴の家臣榎津遠江守の弟・榎津久米之介。彼は、兄が戦死すると、弔いのために仏門に入ると決意しました。しかし、そうすると家臣たちは職を失うことになります。

どうすれば彼らを路頭に迷わせずにすむだろうか……。

そのとき、久米之介の頭に浮かんだのが、船大工の仕事でした。

その頃は、筑後川上流の日田で切り出した木材を、いかだや船で有明海まで運んでいたため、大川のあたりには、造船や修理を生業とする船大工がたくさんいたのです。

彼らの高度な技術は、木工業に生かせるのではないだろうか。

そう考えた久米之介は、家臣たちに船大工の技術を学ばせ、指物をつくらせることにしました。指物というのは、釘などを使わずに木と木を組み合わせてつくる引き出し家具のことです。

こうして大川で始まった指物製作が、代々この地で受け継がれていきました。

やがて、それは「榎津指物」と呼ばれるようになっていきます。

なお、大川市榎津にある願蓮寺は、久米之介が出家して建立した寺です。また、榎津という地名は、榎津久米之介に由来するといわれています。

江戸時代には、この地に数々の名工が誕生しました。

なかでも有名なのが、中興の祖と呼ばれている、田ノ上嘉作。榎津長町に生まれた彼は、久留米の細工職人に弟子入りして、蓋や扉の付いた調度品（箱物）の製作を習得すると、その技術を大川に持ち帰り、箱物の生産を始めます。これが「榎津箱物」の始まりです。

さらに、嘉作の子孫も唐木細工やオランダ家具などのさまざまな技術を取り入れ、榎津箱物を発展させていきました。

明治時代初期になると、材質は杉・桐・欅、仕上げは素木・透漆・黒塗で、非常に大型という特徴をもった「榎津箪笥」が生まれました。

この箪笥は、

① 木挽きによる製材
② 金具製造
③ 塗装技術
④ 木工職

という４つの工程を経て完成にいたります。

各工程をそれぞれの専門職人が行う分業体制のため、多くの人手が必要となることもあって、明治二二（1889）年に町村制が施行され、大川町が誕生したときには、町の人口の4分の1が木工関係者で占められていたといいます。

大正時代には、大川鉄道の敷設で販路が拡大し、需要が急激に増え、職人の手が足りなくなって、それを補うために機械化が急激に進みました。ところが、昭和に入り、日本が第二次世界大戦に突入すると、国の命令で大川の木工業は、ほとんどが軍需産業への転換を余儀なくされます。その結果、この時期は、家具の生産が止まってしまったのです。

しかし、終戦後は、戦争で家を失った人たちからの注文が相次ぎ、大川の木工業は瞬く間に復活を遂げ、昭和二四（1949）年には、国から「重要木工集団産地」の指定を受けるまでになりました。

昭和三〇（1955）年には、熊本産業試験場長をしていた工業デザイナーの河内諒が大川に移住。彼の指導によって従来の箱物に近代的センスが加わります。

そして、彼のデザインした「引き手なし箪笥」は、大阪で開催された西日本物産展では最高賞を受賞。同年東京の白木屋で開かれた第一回全国優良家具展でも注目を集め、「家具の町大川」の名は一気に全国区となります。

昭和三〇年代後半になると高度経済成長の勢いに乗って、大川地区を中心とした１１００の事業者の年間生産額が70億円に達しました。

昭和四〇年代になると、戦後のベビーブームによる婚礼家具や住宅の需要増も加わり、大川は日本一の家具生産地へと発展していきます。

斜陽化の原因は、ライフスタイルの変化

大川と家具の歴史を簡単にまとめると、このようになります。

それでは、現在の大川はというとこれが、どう贔屓目に見ても家具の町

として活気に溢れているとはいい難い状況なのです。

振り返ってみるとピークは1980年代でした。90年代になってバブル景気がはじけてからは、町から年々活気が失われつつあります。

ちなみに、最近の大川家具は、佐賀県の「有田焼」と並んで、九州の二大衰退産業と呼ばれている……。本当に悔しくて悲しい、でもこれが現実なのです。


大川では、1971年から毎年、大川家具工業会が中心となって、家具見本市を年間4回開催しています。

最初はバイヤーだけが対象でしたが、途中から年2回「大川木工まつり」として一般の方も来場できるようにしたため、全盛期には、それこそ全国から家具のデザインや製作に興味のある若者が続々と集まってきて、町は大いに賑わったものです。

ところがいまは、ニトリや島忠といった大手のバイヤーは来ても、若者の姿はあまり見なくなりました。

とはいえ大川は、痩せても枯れても日本一の家具の生産地です。材木屋、金物屋、塗料屋、運送屋、建具屋など、家具づくりのサプライチェーンは一式そろっている。それこそベニヤ板一枚でもすぐにもってきてもらえるくらい環境が整っているのです。また、アジア諸国も近いので家具の輸入業者も数多くいます。

「組子」をご存じでしょうか。細かく切った木に溝や穴などの加工をし、釘や金具を使わず、鉋、ノコギリ、ノミなどで、重なりや角度を調整しながら組んでいき、さまざまな紋様を描き出す技法で、JR九州のクルーズトレイン「ななつ星in九州」の内装にも採用されています。大川にはそういう高度な木工技術も根付いているのです。

従って、大川の斜陽化の最大の原因は、人々のライフスタイルの変化と、その変化に対応できなかったことだと思います。

昭和の頃の日本では、地方によって多少違いはあるものの、結婚の際には新婦側が洋服箪笥、衣装（和）箪笥、整理箪笥といった婚礼家具を、いわゆる嫁入り道具として用意するのが普通でした。

ところが、「平成」に年号が変わる頃から、この習慣は徐々に廃れてきます。核家族化が進み、若い夫婦がマンションやアパートで新婚生活をスタートするようになって、場所をとる大型の家具が歓迎されなくなったのです。さらに、2000年代に入ると婚姻数そのものが減り始めます。


いまでも大川は家具の生産地ですが、その家具を販売する店舗は本当に少なくなりました。なにしろ店を開けていてもお客さまが来ないのです。現在、家具の販売関係で残っているのは、当社のようにECで全国展開しているところだけだといっても過言ではありません。

その当社にしても、社名にタンスと入ってはいるものの、タンスの売上は全体の1％以下なのです。

それでも私は、大川をインテリアバレーとして復活させ、もう一度この地に賑わいを取り戻したい。なぜなら、ここは私の生まれ故郷だからです。

大川市内「筑後川昇開橋」

大川市内「風浪宮」

第2章

この発想は、私の〝生い立ち〟から

年商1000億円、
大川を世界のインテリアバレーに。
こんなところで
満足しているわけにはいきません。

次男なのに、跡継ぎへ

「鉄腕アトム」のテレビ放送が始まり、日本が、まだ夢と希望にあふれていた1963年3月、私は福岡県の家具の町、大川に、三人兄妹の末っ子として生まれました。なんと4000グラム超のビッグサイズだったといいます。その翌年、それまで家具職人だった父は一念発起して、「九州工芸」という、職人が5人ほどの小さな木工所を立ち上げました。

父は仕事が命のような人で、朝6時から夕方まで木工所で働き、夕食を食べたら今度は飛び込み営業で、帰宅はいつも夜11時すぎ。それが1年365日のうち360日です。つくれば売れる時代でしたから、やればやるほど結果につながったのでしょう。

ものごころつく頃から、そんな父の姿を間近で見て育った私はいつも、

「おとなになんてなりたくない」と思っていました。唯一の救いは、私が次男だったことです。父も仕事を継がせるのは兄だと考えていたようで、中学から私立に行かせるなど、兄の教育にはとりわけ力を入れていました。

ちなみに私のほうには、私立に進学などという声はいっさいかからず、当たり前のように地元の公立中学に進みました。

ところが、人生は何が災いするかわかりません。

兄が高校3年生のとき、たまたま日本銀行が高卒を採用することになり、

九州工芸 創業時

兄が通う高校にも求人票が届きました。それで、成績がよかった兄は、半ば高校から命じられるような形で、日銀の採用試験を受けたのです。

すると、結果はなんと合格。

だからといって橋爪家では、兄は高校を卒業したら九州工芸に入ること が、既定の事実として決まっています。いくら天下の日銀といえど、父が認めるわけはありません。しかし、卒業生が日銀入行という輝かしい実績を手放したくない高校も黙っていません。せっかく合格したのだからと、教職員総出で兄を説得します。そして、あろうことか兄は日銀を選びました。その結果、いきなりお鉢が私に回ってきたのです。


「わかっとろうね。この木工所はおまえが継がなならん。もう高校も行かんでいい。中学出たらすぐに工場に入れ」

兄に逃げられた父は、有無を言わさず私を後継者に命じました。こうなったらもう観念するよりほかありません。

そのとき私は地元の中学2年生。野球部の副キャプテンをやりながら生徒会副会長も引き受け、家では毎日コーヒーを飲みながら洋楽を聴きまくるという、人生でいちばん楽しくて充実した日々を送っていました。

それが、父のひと言で、一気に崩れ去ったのです。

それでも、中卒で働くのはさすがに抵抗がありました。それで、必ず自分が木工所を継ぐから、高校にだけは行かせてくれと畳に頭を擦り付けてお願いし、なんとか地元の工業高校のインテリア科という条件付きで、許してもらいました。というわけで、進学したのが大川工業高等学校インテリア科。インテリアといっても実質は、ほとんど木工所です。

自慢じゃありませんが、私だって中学のときはそこそこの成績(中の上)でしたから、たぶん、いや間違いなく、入学試験の順位はトップクラスだったはずです。

でも、卒業したら木工所で働くと決まっていると思うと、勉強する気がおきません。

それで高校3年間、教科書をまったく開かず、麻雀、パチンコ（さすがにもう時効でしょう）、バイク（免停二回）と遊びまわっているうちに、成績は急降下。赤点の山を築き、最後は追試と学校に頼み込んでようやく卒業させてもらったというありさまでした。

父と同じ働き方はできない

卒業後は約束どおり家業の九州工芸に入り、家具づくりをひととおり経験したものの、職人になろうという気持ちはさらさらありませんでした。子どもの頃から職人と接し、その仕事を身近で見てきた私には、自分の性格が職人に向いていないと、最初からわかっていたのです。

それで、自然と営業をやることになりました。

ところが、営業に出てみると、主力商品である婚礼家具に、つくれば売れるというかつての勢いが感じられないのです。

ほどなく、自分のところの商品がどうというより、婚礼家具の需要そのものが減りつつあるという現実がわかってきました。

そうなると、営業にも身が入りません。いつの間にやら、外回りに行くふりをして、友人の経営するパチンコ屋に直行することが多くなりました。

しかし、父は相変わらず早朝から深夜まで、精力的に働いています。丁稚奉公の時代からずっとそうやってきた父は、仕事とは、あるいは男の生き方とは、そういうものだという信念があったのでしょう。その姿を思い出すと、いまでも頭が下がります。

ただ、当時はまだ、父はただただうっとおしいだけの存在でした。

こっちはもともと木工所を継ぎたかったわけではなく、やってみても自分に向いているとは思えない。それに業界自体も将来が明るいというより、どう考えてもジリ貧。ましてや20代の遊びたい盛りです。仕事に身が入るわけはありません。

それなのに父は、私にも自分と同じ働きかたを求めるのです。それで不満を口にすると、「悔しいなら俺の売上を抜いてみろ」。

実際、工場で働いたあと営業に歩く父のほうが、一日中外にいる私より、断然多く売っているのですから、そう言われるとぐうの音も出ません。

そんな悶々とした日々が何年も続きました。

そして、私が入社して5、6年が過ぎた頃、事件が起きます。父がある問屋から不渡手形をつかまされたのです。それで年商の半分くらいの額が吹っ飛びましたから、ダメージはかなりのものでした。

すると、これにこりた父は、手形をもらう商売はやめると宣言します。さらに、つくった商品を問屋に卸さず自分たちで売ると、商売のスタイルまで変えてしまったのです。

これにはびっくりしましたが、私もこの父の決断はもっともだと思いました。というのも、納品の手伝いで訪れる小売店の店頭に置かれている商品に、卸値の2倍も3倍もする値札が付けられているのを見て、「これだったら自分たちで直接売ったほうが全然儲かるじゃないか」といつも歯がゆい思いをしていたからです。

そして、ここでも父はすごい商才を発揮します。

市場が縮小しているとはいえ、木工所の売上の柱は婚礼家具。これを直接売るとなると、対象は当然、結婚を控えて幸せいっぱいの女性とその親になります。

そこで父はどうしたかというと、まず、結婚式場に話をつけて、結婚式が決まっている女性の名簿を手に入れてきました。まだおおらかな時代だったのです。そうしたら、次はそこに載っている住所に、夜な夜な飛び込み営業を始めました。

しかし、いくらひと昔のゆるい時代だったとはいえ、婚礼家具のセールスパーソンが訪ねてきたからこれは渡りに船と、すぐに商談成立というわけにはいきません。「なんだ、お前、夕食時に迷惑だ」と、最初はほぼ間違いなく門前払いです。

ところが、そこで引き下がらないのが父のすごいところ。断られても断られても、それこそ10回も15回も同じ家を訪問し続けるのです。

すると、田舎の人は情が厚いですから、たいていは「そこまで熱心に通ってきてくれるなら、一度ものを見せてもらおうか」となり、「じゃあ橋爪さんのところから買おう」と話が進んでいきます。

父によると、名簿の半分ぐらいはお客さまになったといいますから、まったくもってみごとな営業戦略、プラス凄腕の営業力だったと言わざるを得ません。

それだけではないのです。これで自信を深めた父は、続いて自分で結婚相談所を立ち上げてしまいました。

もちろん婚礼家具の売り先拡大が目的ですが、田舎で嫁の来てがなく、跡取りに困った家庭を助けたい、との思いもあったようです。その原因は、結局は出会いがないからだと考え、次から次とお見合いをさせて、2～3回デートしたら結論を出させていました。

そこから、父が仲人を務めた夫婦が50組も誕生しましたが、私の知る限りでは、離婚した夫婦はありません。ですから、結婚相談所の業務についても、最終目標はタンスを売るためで、はたからは強引なやり方……と見えたかもしれませんが、父は、誠心誠意、取り組んだのでしょうね。

ただ、そうやって死に物狂いで働く父の姿を目の当たりにしていたにもかかわらず、私も父と同じようにがんばろうという気持ちには、ついになりませんでした。地べたを這うようなドブ板営業をやる勇気も根性も、私にはなかったのです。

「頭を下げるのはタダやけん、頭だけは下げろ」
「手形をもらう商売はするな」
「人に迷惑をかけるな」

父からはしょっちゅう怒鳴られ、そのたびに反発していました。きちんと守っていたのは、この3つの言葉だけです。そして、いまもこの3つは肝に銘じています。

そして、父との決別……

婚礼家具の市場は、年を追うごとに縮んでいきます。父がいくら結婚式場の名簿や結婚相談所とあの手この手で抗っても、時代の流れには逆らえません。

木工所の業績は下降し、このまま続けてもこの先浮上の目があるとは、私にはどうしても思えませんでした。

それでもなお、自分の考え方を変えようとしない父とはいよいよ話がかみ合わなくなり、関係はどんどん険悪になっていきます。

そのうち父はからだを悪くして、それまでどおりの商売ができなくなりました。それでも社長の座を譲ろうともせず、私のいうことには耳を貸そうともしません。

お前は後継ぎだと半ば強制的に木工所に就職させておきながら、この人は、いつまでも権力を手放そうとはしない。ついに私も堪忍袋の緒が切れ、父と決別することにしました。

それで、父がまだ元気だった頃、いずれ隣町に店を出そうと買っておいた土地に「九州工芸筑後店」をオープンし、私はそこで家具の小売店、いわゆるパパママストアを始めます。それが1991年。九州工芸入社が1981年ですから、10年目の独立です。

八女インターチェンジから筑後市内に通じる街道沿いには、家具店が軒を連ねています。私の店は、広さは120坪と家具店としてはかなり狭かったものの、インターチェンジのすぐ近くでしたから、場所としては決して悪くはありません。

ここで心機一転、一からのスタート。そういきたかったのですが、そうは問屋が卸してくれませんでした。

大川では直近の2~3年はもう製造をせず、小売り一本でやっていました。しかし売上は伸びず、約1000万円分の在庫がたまっていました。

出ていくならそれを買い取れと父に命じられたのです。

どっちみち仕入れはしなければならないのだからと、黙って従いましたが、要は売れ残りの不良在庫を押しつけられたわけで、いきなりマイナスからのスタートになってしまいました。

さらに、新店の土地を買ったのは自分だからと、賃料を毎月10万円払うことも約束させられる。もう散々の船出です。

40度の高熱でも店は開ける

私は学生時代から、図面なんて誰が書いてもばれないからと、まじめな友人に1000円渡して夏休みの製図の宿題をやってもらうような、要領のいいところがありました。

なので社会に出てからも、どうしたら楽して格好よく儲けられるかということばかり考えていたような気がします。

だから、どんなに小言をいわれても、父のような働き方をしたいとは、一度たりとも思ったことはありません。

でも、今度は自分の店です。すでに結婚して子どももいましたから、もう四の五の言っていられません。泥臭いことも何でもやろうと腹を括りました。

それで、まずは宣伝だとオープンのチラシを1000枚つくり、近所のマンションなどに投函して回りました。

途中で1枚もゴミ箱に捨てず全部配ったのは、生まれて初めてのことです（苦笑）。それなのに、反応があったのは1人か2人。これが家具屋の現実だとあらためて実感しました。

苦境に立たされると人はいろいろ考えるものです。次に自分ができることは何だろう。そのとき頭に浮かんだのが、「店を必ず開ける」でした。

店の場所が高速道路の出口に近いというのは、遠くから大川に家具を見にきた人が、ふらりと立ち寄る可能性も高いということです。

ところが、定休日以外でたまたま店の都合で開いていなかったら、ではまた後日とはなりません。その人は１００パーセント別の店に行ってしまいます。

だから、週一の定休日（木曜日）以外、休みはなし。雨が降ろうが槍が降ろうが絶対に開けると決めたのです。

実際、この店は、後にインターネット通販に完全移行するまで約10年間続けましたが、この約束だけは最後まで守り抜きました。40度の高熱が出たときも、文字どおり這うようにして店まで行き、いつお客さまが来てもいいよう準備をしていたくらいです。土曜も日曜も関係なし。だから私は、息子の運動会にも行ったことがありません。

いまとなっては、いい思い出ですが、ここで、お客さまとの約束を守ることによって、商売の基本である「信用」を得ようとしてたのだと思います。

新店舗では家具販売のほかに、家具の取り付けも行っていました。別注家具の注文をとったら、知り合いの木工所に製作を依頼し、取り付けは、私も現場で行うのです。

多いときは取り付け家具だけで月の売上が500万円ぐらいありましたが、これは季節によってかなり偏りがあり、平均するとだいたい月300万円。これに店売りが月100万円ほど。かろうじて利益は出ていたものの、店を維持していくのが精一杯でした。

婚礼家具の需要は減る一方で、経営は年々苦しくなっていきます。

さらに悪いことに、私が店を出した数年後、同じ商圏に大型家具店が出店を表明します。お先真っ暗とはこのことだと、私は頭を抱えました。

これなら俺もできるやん

店を開けても3日間来店者「ゼロ」、こんなことも珍しくない中、どうにかこうにか九州工芸時代の古いお客さまや知人の紹介などで店を続けてはいたものの、将来の展望は、まるで見えてきません。悶々とした日々を重ねているうち、かれこれ10年が過ぎました……。

「そういえば橋爪さん、インターネットで毎月500万円も家具を売っている店が大川にあるみたいですよ」

あるとき、顔なじみの家具の営業員が、こんな情報をもってきました。

インターネットで、月500万円？

時は、2002年。日本でもようやくインターネットが普及し始めた頃です。といっても、私自身はパソコンを触ったこともなく、インターネットがどういうものかもよくわかっていませんでした。けれども、月500万円というのがどうにも気になります。

それで、後日パソコンをもっている友人のところに行って、その店のホームページを見せてもらいました。

すると私の店で、1万9800円で売っている家具が、送料込み

2万9800円で販売されているではありませんか。しかも、営業をしなくても、写真と値段をホームページに載せておけば、日本中の人がそれを見て、向こうから注文がどんどん入るというのです。

「これなら俺もできるやん!」

ついに楽して格好よく儲ける方法が見つかったと思いました。

パソコンのこともよくわからないくせに、まったくいい気なものですが、閉塞感の中で毎日出口を探していた当時の自分には、ネットが希望の光に見えたのです。

それで、すぐに楽天に電話をかけて、自分は九州で家具の小売りをやっているのだが、楽天市場に出店したいと希望を伝えました。

ちなみに、あとでわかったのですが、月500万円売上の大川の家具店が出店していたのはYahoo!オークションでした。

それを知っていたら私も楽天市場ではなく、間違いなくそっちに出店していたでしょう。なぜか、ネットショッピングといえば楽天市場と思い込んでいたのです。

その後の展開を考えると、このとき楽天市場を選んだのは大正解でした。一生懸命生きていると、運も巡ってくる。人生はそういうものかもしれません。

ネットなんかでタンスが売れるわけない

楽天市場に出店するには、事前に東京の楽天本社で3日間のスタートアップ・セミナーの受講が条件といわれ、すぐに申し込みました。

一応、私の店は、形式上は父の傘下です。そこで、東京に行く前に報告だけはしておこうと久々に父のもとを訪れ、これからインターネットで販売をすると伝えました。

「お前は頭がおかしくなったのか。ネットなんかでタンスが売れるわけないやろが。絶対にやめろ」

みごとに予想したとおりの反応です。でも、いまさら父のいうとおりにしたところで、商売が先細っていくのは止められないのです。

こっちはもう、ネットに最後の望みを懸ける気持ちでしたから、そのときは「はい、わかりました」と適当に返事をして引き下がり、翌日には意気揚々とセミナー会場に向かいました。

楽天市場の出店数は、現在は約5万3000店舗ですが、当時はまだ8000店舗くらいと、まだまだ黎明期といってよく、スタートアップ・セミナーには、これからネットビジネスを始めようといういろいろな業種の人たちが、全国から集まっていました。

ただ、私のように、最初からこれで一旗揚げようと野心を抱いてやってきているのは珍しく、会社から行けと命じられたから来ましたという人のほうが圧倒的に多かったと思います。

セミナー初日はまだ、インターネットの可能性に期待しながら、本当にネットで売れるだろうかという疑いの気持ちもなかったわけではありません。ところが、講師の話を聞いているうちに、自信がどんどん深まっていき、最後は自分にできないはずがないとすっかり思い込んでいました。

そのときのセミナーに参加したのは約60人。

そのうち半数が、実際楽天市場に出店したので、2人に1人は私のような気持ちになったのでしょう。ただし、いまも楽天市場に店舗が残っているのは、私のところだけのようですが……。

最初の注文に涙する

「これからは楽して格好よく儲けるぞ。見てろよ、オヤジ」

3日間のセミナーで頭がすっかりネットビジネス一色になった私は、地元に帰るとすぐにIBMのパソコンを購入しました。

ただ、これまで同様に店の仕事があるわけで、それをこなしているとなかなか開業準備まで手が回りません。

それで、ネットビジネスのほうを数ヵ月そのままにしていたら、しびれを切らした楽天の担当者から、もうそろそろ開店してもらわないと困りますという督促の電話が入りました。

やる気は満々なのだが、いかんせん人手が足りなくて準備ができないのです。

そう事情を説明すると、担当者はしばらく考えてから、こんな提案をしてきました。

「それでしたらこちらからホームページをつくる人を紹介します。製作費はトップページ3万円。商品ページ1万円です。あとはそちらで商品ページをコピーして、100アイテム分登録してください」

ここまで言われたら、もうやるよりほかありません。それで、自分で店にある家具の写真を撮ってアップし、フォトショップで簡単に加工し、そこにサイズや材質を書き加えた商品ページを100つくりました。

姪っ子が手伝ってくれることも決まり、万全とまではいえないものの、なんとか体制も整いました。

こうして、私が楽天市場のスタートアップ・セミナーに参加してから半年後の2002年7月15日、ネットショップ「タンスのゲン」がついに開店したのです。

そして、開店から4日目の深夜、最初の注文が入ります。

朝、店に来てパソコンを立ち上げ管理画面を確認すると、前日の夜11時に3万9800円のソファが売れていたのです。買主は長野県在住の方で、事前に問い合わせも何もなく、すでにカード決済されていました。

接客もしていないのに、見ず知らずの人が私たちのつくったホームページを見て、信用し、買ってくれた……、うれしくてパソコンのモニターを見つめる目から自然と涙があふれて、姪っ子や嫁とともに感激したことを、いまでもはっきりと覚えています。

そして、後にそのお客さまからいただいた感謝の言葉も忘れられません。

最初の月は10件ほど注文が入り、総額20万8000円の売上でした。翌月は150万円。念願の、楽して儲かる日がついに到来したのです。

ネットショップで販売していたのは主に店に置いてある商品なので、注文が入ると午後6時に店を閉めたあと、その商品を大川市の自宅に運び、そこで梱包し直して出荷していました。

ところが、3ヵ月目にネットの売上が300万円を超えると、梱包と出荷の作業が、連日、夜の11時、12時までかかるようになったのです。

これはもうひとりではどうにもならないと、知り合いに声をかけたり、ハローワークに求人を出したりして、ここから少しずつ人を増やしていきました。

その後もネットショップは絶好調。売上は、実店舗をとっくに追い越し、どんどん拡大していきます。工夫してやればやるほどおもしろいように売れるので、この頃から人生で初めて仕事にはまり始め、寝るのも惜しいほどのハードワークをしました。しかしながら、ネットの専売でいこうという気持ちにはなかなかなりませんでした。
実際に店舗を構え、地に足がついた商売をしているからこそ、ネットでも信用されるのだ。私はそう考えていたのです。

しかし、それは私の思い込みにすぎませんでした。ネットのお客さまは実店舗があるかどうかなど、実はそれほど気にはしていなかったのです。

むしろ、リアルとネットの両方をやっていると、どちらも中途半端になりかねない。そのほうが商売にとっては致命的です。

そこで、2004年に父が亡くなったのをきっかけに、筑後の店舗を閉店し、本社を大川市に移しました。

ここに九州工芸はネット専業として、新たなスタートを切ったのです。

「親父を超えたい！ いまに見てろ！」で始めたネットショップですが、父の背中は大きく、業績が上がるほど困難な局面も多くなり、父が生きている間も、そしていまも超えられない……。やはり、楽して儲ける精神が良くなかったのかもしれません。そして、親不孝ばかり……。本当に申し訳なく思っています。

晩年の父は、体調を崩して、5年ほど入退院を繰り返し亡くなりました。父の死後、とある人から、私が家具屋の商売で業績を上げ、一生懸命に忙しそうに働いてる姿を父が見て、口には出さなかったものの、喜んでいたと聞いたときには、心底、うれしかったものです。

大手がやらないことをやる！

経営資源をネットショップに集中できるようになって、売上はますます伸び、気がつけば社員も10人を超えるまでになっていました。

といっても、パソコンやＥＣに詳しい人間などひとりもいません。私を含め完全な素人集団です。

それでも、素人は素人なりに戦い方があります。

私はまず、自分のところより売れている大手のやり方を徹底的に研究しました。

ただし、それを真似ようというのではありません。彼らがやっていないことや、やろうとしてもできないことを明らかにし、逆に自分たちがそれをやることで差別化を図る。これが私の戦略でした。

たとえば、大手企業のホームページを見ると、顧客からの電話やメールに対応可能な時間は、どこもだいたい平日午前9時から午後5時までとなっていました。でも、ちょっと待ってください。ネットで注文したお客さまが荷物を受け取るのは、平日の夜か土日がほとんどのはずです。

それなのにこれでは、届いたタンスの梱包を開いたら、引き出しが割れていたとしても、すぐにそれをショップに伝え、返事をもらうことができません。不良品だから交換してくれるのか、それとも返金されるのか、この商品を受け取った人は、そういうこともわからないまま次のカスタマーサービスが始まる時間まで、悶々と過ごさなければなりません。これはお客さまにとってかなりのストレスです。

そこで、私たちは、夜の12時でも土日でも事務所に人が待機し、お客さまからの問い合わせにすぐに応えられるようにしました。こんなことは労務管理の厳しい大手には絶対にできないはずです。

ログを調べてみても、購入がいちばん多い時間帯は夜10時から12時でした。だから、その時間に売り手が待機してコンタクトをとれるようにしておくのは、きわめて合理的なのです。

寝る前にネットを見ていたら、たまたま当社のホームページがヒットし、そこに目を引く家具がアップされていた。値段も手ごろだ。でも、在庫はまだあるのだろうか。いま注文したらいつ届くのだろう。

そう思った人がそこに書かれているアドレスにメールを送ると、「いま注文すれば明日には発送できるので、明後日以降の都合のいい日時に受け取れます」という返信が1分後に届いたとしたらどうですか。思わず注文ボタンをクリックしたくなりませんか。それが顧客心理というものです。

自分の都合よりもお客さまが喜ぶことを優先するというのは商売の基本。そんなのはリアル店舗では当たり前のことでした。だから、ネットビジネスでも同じようにやろうと考えたのです。

ネットは素人でも、こっちは実店舗で10年以上実績があり、ノウハウも山のようにあります。正直、家具もつくったこともない、接客もしたことがない人間に負けるとはこれっぽっちも思いませんでした。

たとえば、楽天市場のレビューで、本当にたまにですが、星が1つしかもらえないことがあります。そういうときはすぐに直接こちらから連絡をして、「何か不具合がありましたか」と確認するのです。あるいは、備考欄に書かれている意見や希望は全部目を通す。そうして、改善できるところはすぐに改善するといったことを、もう10年以上続けています。

お客さまあっての商売ですから、そんなのは当たり前だと私は思うのですが、楽天市場に出店している5万店の中で、当社ほど徹底してそれを続けているところは、そう多くないはずです。

それにしても、子どもの頃から父が年間360日、毎日早朝から深夜まで働くのを間近で見てきて、私にはとてもできないと思っていたのに、いつの間にか自分も同じことをやっていたのにはびっくりです。

生前は反発ばかりしていましたが、父の教えは私の中でしっかり生きていたのだなと、いまあらためて感じ、感謝しています。

社名を「タンスのゲン」に変更する

2007年には、年商が7億円を突破。社員数も30を超え、もう個人商店の枠には収まりきれなくなってきました。

同時に、これまでのように、楽して格好よく儲けることだけ考えていればいいというわけにはいかないということも、うすうすわかってきました。遅ればせながら私にも、ようやく「経営者」としての自覚が生まれてきたのです。

しかし、困ったことに私には、会社経営の知識がありません。そういう勉強をしてきていないのだから当たり前です。

そこで、まず、稲盛和夫氏や永守重信氏といった名経営者と呼ばれる人たちの本を片っ端から読むということから始めました。

それから、経営セミナーや勉強会の類があるとわかれば、たとえ会場が他県でも、時間の許すかぎり足を運び、そこでは講師だけでなく他の参加者にも積極的に声をかけて、知らないことを教えてもらうようにしました。とにかくこっちは知らないことだらけなので、遠慮などしていられません。

とくに役に立ったのが、楽天大学のチームビルディングプログラム。ここで会社経営には「理念」と「ビジョン」が必要だと教わり、楽天大学のスタッフにも手伝ってもらって、初めてそれをつくりました。
それは、次のようになります（2021年現在）。

■企業理念

「暮らしの未来を、デザインする（Design the Future）」

■経営理念／デザインの力を信じ、幸せをつくる。

1、社員をしあわせに
2、福岡をしあわせに
3、ネットショッピングをしあわせに

■事業ビジョン

売上目標300億円（2018〜2023）
同　1000億円（2024〜2040）

そして、翌2008年11月には、社名をそれまでの有限会社九州工芸から、「タンスのゲン株式会社」に変更。同時に、新社屋と配送センターを現在の場所につくり、本社もそこに移しました。

社名「タンスのゲン」の由来も説明しておきましょう。

楽天市場に出店するとき、九州工芸のままよりも、もっとインパクトのある店名にしたほうがいいのではないかと思ったのです。

それで、ああでもないこうでもないと頭をひねって考えていたとき、偶然目にした雑誌の特集ページにあった「エアコンの○○」という社名にピンときました。

この「なんとかの○○」というのは語呂がよくて覚えやすい。よし、これだ、と。

また、当時、実店舗で売っていたのは婚礼家具のタンス。それに大川といえばタンスじゃないですか。それで、初心を忘れないためにも「タンスが〝ゲン〟点」という意味と、息子の名前を引っ掛けて、「タンスのゲン」

としました。

「ゲン」は、私の子どもの頃のあだ名だとか、「タンスに○ン」とか、みなさん想像をたくましくして、いろいろ考えてくれるみたいですが、そうではありません。

「そのタンスどこで買ったの」

「楽天市場のゲンさんだよ」

親しみやすくて響きもいい。ネットでは最初からこの名前で認知されていますから、社名にするときも抵抗はありませんでした。結果よければ、すべてよしというわけです。

倒産を覚悟した、東日本大震災

2010年には初めて楽天市場「タンスのゲン」で月商1億円を突破し、

年商も26・7億円を記録しました。

ところが、創業以来、右肩上がりの成長を続けてきた当社は、2年後の2012年、初めて売上を落とします。

原因は、前年の3月11日に発生した東日本大震災です。

福岡は被災地からは遠く離れており、会社が直接被害を受けることはなかったものの、問題は配送でした。物流が完全に止まってしまったのです。約2週間、荷物が関門海峡を超えることができず、注文した商品が届かないという全国のお客さまから入るクレームの応対で、本社は機能不全に陥りました。


お客さまがネットショップを利用するのは、近所の店で買うより値段が安く、すぐに届けてくれるからです。しかし、当時は配送を運送会社一社に委託していたため、その運送会社が運んでくれなければ自分たちではどうにもなりません。

しかも、家具のような大型製品は、運搬がたいへんだと平時でも嫌がられているくらいでしたから、緊急時には真っ先に後回しにされ、いくらお願いしてもこちらの希望など聞いてくれないのです。

その結果、注文のキャンセルが続き、さすがにこのときばかりは倒産も覚悟しました。

これにこりて、その後すぐ、お客さまの多い関東に対応するため、埼玉県に敷地面積約2000坪の物流拠点をつくったのです。しかし、倉庫の坪単価が大川の5倍もかかるなど、維持費の大きさに耐えきれず、ここは早々に撤退しました。私からすれば、完全に都落ちです。

こういった失敗を教訓にして、2014年福岡市、2016年千葉県船橋市、2017年神奈川県厚木市に、それぞれ物流拠点を設立。さらにその後も数を増やし、現在は全国に8ヵ所の物流拠点があります。

それらの拠点は全部システムで管理していて、注文が入ればすぐに最適な倉庫から出庫される仕組みができあがっているなど、物流環境はかなりよくなりました。

ただ、まだ注文したら商品がすべて翌日届くというところまではいっておらず、相変わらず物流が経営課題であることに変わりはありません。

また、2013年には、それまでの大型家具中心の販売を見直し、もっと小さい家具や羽毛布団へと軸足を移すことにしました。

これまでの商品を廃盤にし、新しい商品と入れ替えるのはたいへんな作業でしたが、ここで思い切って転換を図っておいたおかげで、その後の時代の変化に耐えられたといえます。まさにここでの決断が、現在につながるターニングポイントだったのです。


さらにこの頃から、暮らしに関する商品を自社開発し販売するD2C(Direct to Consumer)に力を入れ始めました。

その後は、2015年にはベビー用品、アウトドア用品、2016年には家電に、それぞれ参入を果たします。

同じく2016年には、仕入強化と品質向上の一環として、中国上海に子会社「上海箪笥的根商貿有限広司」を設立。これによって日本の顧客のニーズに合った商品を中国の協力工場でつくって、それを日本市場に投入するということがスピーディーにできるようになりました。

また、中国から直輸入している家具の検品もここで行うことで、不良品が日本に入るのを未然に防げるのです。

売上も2017年・年商100億円、2019年・同150億円を達成。2021年には、年商200億円突破を達成し、いよいよ年商300億円が視野に入ってきました。

しかし、私には年商1000億円、そして、大川を世界のインテリアバレーにするという大目標があります。まだまだこんなところで満足しているわけにはいきません。

第3章

拡大を続ける「ビジネス・モデル」とは？

鍵を握っているのは、
プラスアルファの要素。
それを発見できるかどうかが、
勝負の分かれ目になります。

「顧客第一主義」の徹底

当社の「オンラインショップ哲学」は、次のようになります。

- **常に、お客さまの立場に立って考え価値創造します。**
- **常に、お客さまを惑わす表現などを止め誠実に販売します。**
- **常に、お客さま対応は、お客さまの声に耳を傾け、おもてなしの心で対応をします。**
- **常に、お客さまの期待を〝1ミリ〟でも超えた商いでお客さまに感動を提供します。**

なかでもとくに力を入れているのが、どんなときもお客さま目線で考えるという「顧客第一主義」。これは、父がその背中で私に教えてくれた商売の基本です。そして、リアル店舗の頃から、私がいちばん大事にしてきたことでもあります。

たとえば、買い替えを考えているお客さまにとって悩ましい問題の1つが、古い家具の処分です。昔はタンスやベッドを家庭用ごみに出すこともできましたが、いまそんなことをしたら明らかに法律違反ですから、罰せられてしまいます。その手の大型家具はいらなくなったら、粗大ごみとして自治体や回収業者に出すよりほかありません。

しかし、これはお金も手間もかかる。家具の消費量がかつての7割ぐらいに落ちているのは新築住宅着工戸数の減少に加え、このあたりにも原因があると私はみています。

そこで、当社では、2021年2月から有料で家具の引き取りサービスを開始しました。購入商品が5万円以上の場合は9980円、同5万円未満の場合は1万4800円で、商品をお届けした際に古い家具をお引き取りしています。

できれば、もっと早くこのサービスを始めたかったのですが、引き取りまでやってくれる物流業者がなかなか見つからず、サービス化まで時間がかかってしまいました。

なお、当社は持続可能な世界を実現するために、2020年1月にSDGs認定企業になっていることもあって、引き取った家具は分別や分解し、できるだけ再利用するようにしています。


それから、ネットショップでよく見る、根拠のない希望小売価格の下に半額や70%オフ、といった割引価格が書かれている、いわゆる「二重価格表記」を当社はしていません。

実店舗、とくに家具屋では、表示されている価格を値切って買うのが普通だと思っているお客さまがいまでも多いので、他店ネットショップでも、同じような感覚で、「ウチはメーカーや小売店の希望小売価格より安くしていますよ」と言いたいのでしょう。

でも、実際は、そんなことをしてもお客さまは疑心暗鬼になり混乱するだけで、かえって価格への信頼感が損なわれる結果になります。

正直に言いますと、当社も最初の頃は、他社に倣ってこの二重価格表記をしていました。しかし、お客さまを欺いているような後ろめたい気持ちがどうにもぬぐい切れず、途中で根拠のない二重価格を止め、単一表記に変更したという経緯があります。

そのときは、別にそれで売上が下がってもいいと半ば開き直っていました。ところが、二重価格表記をやめてからのほうが、売上が増えたのです。

堂々と単一価格で勝負している姿勢が、お客さまの目にはわかりやすく、誠実さに映ったのかもしれません。お客さまは信憑性のない二重価格よりも売価を見ていたのです。

業界の常識に縛られる必要はない。未来は自分が正しいと信じた道の先にある。いまは自信をもってそういえます。

徹底したクレーム対応を！

当社の特徴となっている、「海外からの直接仕入れで、大幅なコスト削減」「組立方式による低価格の実現」も、お客さまのほうを向いて考えた結果生まれたものです。

それから、やはり顧客第一主義の一環として力を入れているのがカスタマーサポート。これにも私の経験が大きく関係しています。

２００２年に楽天市場にネットショップを開店してから、売上は倍々ゲームで伸びていき、２００８年11月には月商７０００万円を突破し、なおも勢いは止まりません。

これなら月商1億円も時間の問題だろう。私は自分のやり方にすっかり自信をもっていました。

ところが、現実は、そんなに甘くはありませんでした。目指していた

1億円の手前で、売上が頭打ちになってしまったのです。

決して慢心していたわけではありません。品揃えを強化するため、売れ筋を調べ新しい商品をどんどん投入する、価格はどこよりも安く設定する、商品を迅速に届けられるよう物流体制を整える……。自分ではできるかぎりの手は尽くしたつもりでいました。それなのに、どうしても月商1億の壁が越えられないのです。

悔しいのは、自分たちが何をやっても越えられない壁を、やすやすと超えて先を行くショップが、楽天市場の中にあるという現実です。

彼らと自分たちはいったい何が違うのだろう。必死で考えるのですが、考えても考えても答えが出ません。

そこで、私は月1億円以上売っているショップのオーナーを訪ねると、恥を忍んで頭を下げ、どうすればこの壁を越えられるか教えを請いました。

「橋爪さん、いちばん大事なのは何だと思いますか。それはお客さまの声ですよ。カスタマーサポートを強化して、これまで以上にお客さまの声に耳を傾けるのです」

目から鱗が落ちるとは、まさにこのときの私の心境です。

リアル店舗での経験から、お客さまの気持ちを考えて接客することの重要さはよくわかっているつもりでいました。ただ、ネットはお客さまの顔が見えません。

そこで、こちらがお客さまのためになると考えたサービスを提供することは一生懸命やっていたのですが、そればかりで、肝心のお客さまの声を聞くことが、まったくできていなかったのです。

私は大いに反省すると、すぐにカスタマーサポートの人員を増やし、お客さまからのどんな苦情にもきちんと向き合うよう、マニュアルを一新。さらに、各部署と苦情を共有し、改善すべき点は躊躇なく改善するようにしました。すると、しばらくしたら本当に売上が跳ね上がったのです。

結局、ネットショップは一見無機質のように思えますが、お客さまは、こちらが本当に真摯な気持ちで自分と向き合ってくれているかどうかを、回線の向こうでちゃんと判断しているのであって、その点はリアルショップと大差ないのです。

ちなみに、現在でもお客さまからの問い合わせが、多いときは1日400件以上あります。これは当社のホームページやサービスに、まだまだ改良の余地があるということです。


そして、タンスのゲンは2010年3月、ついに楽天市場で月商1億円を達成しました。

その後もお客さま対応を強化するため、2015年には本社にコールセンターオフィスを新築。2016年からはお客さまからの電話が夕方以降に集中するのを考慮して、電話受付の時間を夜の11時（2021年現在は午後8時）まで延長しています。

2018年には、お客さまとのやり取りを、これまでのメールや電話だけでなく、チャットでもできるようにして、さらに、ここにAIも加えました。ここでは、これまでのカスタマーサポートで蓄積された膨大なデータが強みになります。

いまでは、顧客第一主義は当社の正式な経営理念です。これからも一層の顧客満足度の向上に全社を挙げて励んでいきます。

何でも売る会社にはしない

当社は現在自社サイトのほか、楽天市場、アマゾン、PayPayモール、auPayマーケット、dショッピングなど、ECサイトを合計12店舗運営しています。

扱っているアイテムの種類は楽天市場で約2700。すべてのECサイトを合わせると3000アイテム以上になります。

主な商品のジャンルは家具、寝具、家電、アウトドア、インテリア用品などです。何でも売っている総合百貨店のように見えるかもしれませんが、当社が販売するのはあくまで理念に基づき「家具やインテリアとシナジーが起こせるもの」という範囲にとどめています。
これから売上1000億円を目指すとなると、扱う商品の間口をあまり狭くするのは決して得策ではありません。しかし、売れるものなら何でも売って儲けるという会社にはしたくないのです。

以前、当社の若手から、「他社のサイトで出刃包丁がずいぶん売れているようなので、当社でも扱わせてほしい」という話が上がってきたときも、即座に却下しました。もちろん出刃包丁だって、どうしても売りたければ、インテリアとシナジーがあるようなストーリーをつくればいいのです。でも、それをやり始めると切りがありません。
それに、ネットショップで出刃包丁を購入する目的をあれこれ思い描くと、もしかしたら人を傷つけることに使われることだってあるかもしれない、そうしたらどうしようと、ついよからぬ想像をしてしまうのです。

逆に、こだわりたいのが家具。とくに、地元大川の家具には思い入れが強く、少しでも多く売るためにも、いまでは毎月5000万〜7000万円程度は大川市内の業者から仕入れるようにしています。痩せても枯れても、大川は日本一の家具の産地。技術が高く、値段の割に品質のいい商品が多いのです。

それから、東日本大震災のあとに取り扱いを始めた羽毛布団。重い家具に眉をひそめる運送業者も、軽い羽毛布団なら喜んで運んでくれます。それに、多少乱暴に運んでも家具のように傷がつきません。それでいて単価が高い。まさにネットショップ用の商品です。

同業者からは、タンスのゲンから「フトンのゲン」に社名を変えたほうがいいのではないかと皮肉られるぐらい、羽毛布団はよく売れました。人々の睡眠に対する意識が高まりつつあるという、時代背景も味方してくれたのでしょう。

ただ、この分野に参入するのには、かなり苦労をしました。布団業界というのは歴史が長いだけあって、非常に閉鎖的なのです。

私たちは羽毛を海外で仕入れ、それを国内の布団工場でキルティング加工して、ノンブランドで販売していました。品質は日本の大手ブランドに引けを取りませんが、値段は半額です。


そうしたら、すぐに業界団体から抗議がきました。要するに自分たちが認可したものだけが正規の羽毛布団だというのが彼らの主張です。

さらに、協力してくれている工場に圧力をかけたり、ネットのレビューにあることないこと書き込んだりと、あの手この手でプレッシャーをかけてきました。

もちろん、こちらとしては、何ら商道徳にもとることはしていませんから、恐れる必要はありません。

堂々とビジネスを展開しているうちに、いつの間にか抗議もやみました。向こうも、難癖をつけても勝ち目はないとあきらめたのでしょう。

ウェブページ制作を内製に……

経営を考えると、会社の機能のうち、アウトソースできるところは極力外に出したほうがいいのは明らかです。

しかし、1つだけ例外があります。それは、ウェブページのデザインです。もちろん、これだって、何がなんでも内製でなければならないというわけではありません。でも、そうしない、いやできないのは、私たちが求めるレベルのウェブページをつくってくれるデザイン事務所や制作会社がないからです。

たとえば、当社には、月商10億円のネットショップがあります。ここのウェブページをリニューアルするとしましょう。私のところなら月商20億円のウェブページがつくれる、と手を挙げるところがあれば、そこに制作をお願いするのはやぶさかではありません。

ネットショップだから、人気商品だけをそろえておけば勝手にアクセスが増え注文が入ると思ったら大間違い。

写真のクオリティやキャプション、文字の大きさや色使い、コピーのインパクト、全体のデザイン、さらに表示速度などの各要素のわずかな差が、売上を大きく左右します。

もっといえば、お客さまをこのウェブページにとどまらせ、ここにある商品を買いたいという気持ちを喚起し、ストレスなく買い物体験をさせるには、そのための仕掛けが不可欠なのです。

私たちはこれまで長い時間をかけ、ネット上で試行錯誤を繰り返してきました。そうして蓄積したノウハウや仕掛けが、月商10億円を上げるウェブページには詰まっているのです。

実は、これまで何度かアウトソースを試みたこともありますが、満足したことは一度もありません。

どんなに優秀なデザイナーやプログラマーであっても、ネットショップの勘所が肌感覚でわかっていないと無理だということがよくわかりました。だから、ウェブページの制作に関しては、この先も基本は内製ということになります。

逆にいうと、当社の社内には、独自のノウハウを駆使して月商10億円のウェブページをつくれる社員が何人もいるということです。

このノウハウを商品にする予定はありません。知りたい人は入社して、どうぞ先輩諸氏から盗んでください。

徹底した商品の品質管理

当社は自前で開発・デザインしたＰＢ商品を数多く扱っています。

これらの開発にあたってとくに重視しているのが、商品の品質管理です。

リアル店舗ならお客さまは、商品を自分の目で見られますし、手で触って使い心地も確かめられますが、ネットショップではそういうわけにはいきません。

だからといって、商品に不具合があっても仕方がないと思う人はいないでしょう。

ちゃんとしたものが届くと信じて注文するのです。そして、もしその期待が裏切られたときは失望し、もう二度とそのショップで買い物はしません。だから、オンラインショップでは、リアル店舗以上に、品質管理に力を入れなければならないのです。

商品の生産は、当社の基準をクリアした国内外の優良企業に依頼しています。監査は取引前だけでなく、取引を開始してからも当社の品質管理スタッフが定期的に工場を訪問、必要に応じて指導も行います。

新商品は、見た目、使用感、安全性の各面から検討し、社内品質規定に合格したものだけを商品化します。また、検品は必ず当社のスタッフが立ち合います。対象はファーストロットだけでなく、随時抜き打ち検査も行っています。

とくに、家具に関しては、当社独自の匠システムがあります。

当社と契約している家具製造10年以上の実務経験のある大川の「匠」を現地に派遣し、彼らがプロの目で細かいところまでチェックし、それをさらなる品質改善に生かすのです。

匠は入荷時の検品にも立ち合います。また、入荷後の商品を工場に事前連絡せず、第三者機関で精密検査するという取り組みも、定期的に行っています。

ECサイトは「独自システム」で！

2011年の東日本大震災で物流が混乱し、九州外に荷物が配送できず顧客からのクレームの嵐に見舞われた経験から、物流網の整備にはとりわけ力を入れてきました。

同時に、それまでECサイトごとに個別に行っていた「受注管理」「在庫管理」「発送業務」を一元化、かつ〝自動化〟するソフトウェア開発にも早くから取り組んでいます。

システムに関しては、2021年8月より、新しい独自システムに完全移行しました。投資額は5億円ぐらいですが、問題ありません。

なぜ自動化が必要かというと、手作業で対応していたら扱う商品数が増えた場合、それに比例してスタッフの数も増やさなければならなくなるからです。その分のコストは当然商品価格に反映せざるを得ない。それは、顧客第一主義という当社の哲学に反することになります。そこで、ソリューションをソフトウェアに求めたのです。

現在では、その試みはほぼ完成しているといっていいと思います。例を挙げて説明しましょう。

12種類あるECサイトで受けたお客さまの注文は、すべて当社のカスタマー部門に集約され、内製の受注管理ソフトが処理します。具体的には、システムが、お客さまが選択した支払方法や配送条件などをもとに、約300通りあるメールのテンプレートから最適なものを自動で選択、すぐに返信します。週末でも深夜でもお客さまをお待たせすることはありません。

さらにシステムは、九州と関東にある8拠点の倉庫の在庫データと、運送会社の配達エリア、引き受け可能なサイズや個数などの条件から、どの倉庫からどの運送会社で送れば、より早く、より安い配送料でお届けできるかを瞬時に判断し、指示を出すのです。

独自システムの導入によって、迅速で細やかな対応が可能になったおかげで、お客さまのストレスもずいぶん減らすことができるようになったと思っています。また、社員のほうも手作業の時間が減った分、どうすればお客さまがもっと快適に買い物ができるかを考える時間が増えました。

今後は受注管理だけでなく、他の部署でもＡＩやＩＣＴ、ＩＯＴを積極的に取り入れ、経営の効率化を図り、さらなるサービスの向上を目指していきます。

ネットビジネスの難しさ

ネットショップで商品を売るポイントは何かという質問をよくされます。

これに対しては、答えがあるのなら私が知りたいくらいというのが、正直なところです。

結局のところ、何を、どうすれば、お客さまがその商品を買いたくなるのか、お客さまの立場になって、必死に考えるよりほかないのではないでしょうか。

当社の商品部にも、人気のあるお洒落で格好いいインテリアショップのサイトを見て、同じような品揃えでページをつくれば売れるだろうと安易に考える社員がいます。

そういう場合はそのままやらせてみるのですが、いい結果など出るわけがありません。

だって、それは、すでにあるウェブページの形だけ真似た劣化コピーじゃないですか。そんなものはすぐに見抜かれてしまいます。偽物でお客さまの心をつかめるはずがないのです。

自分の好みの商品ばかり集めてページをつくるケースもわりとよくありますが、やはりあまり売れません。それは単なる自己満足であって、お客さまのことを第一に考えていないからです。

顧客心理を探る手段として、マーケティングや心理学の勉強は、それなりに役に立つので、やらないよりやったほうがそれはいいでしょう。しかしながら、専門書を読み漁り、そこに書かれているとおりにやっても、うまくいくとはかぎりません。

鍵を握っているのは、本にはないプラスアルファの要素であって、それを発見できるかどうかが、勝負の分かれ目になります。

それから、いくら自分のところのウェブページの完成度を高めることに成功しても、それだけではうまくいかないのが、ネットビジネスの難しさです。

いい例がショップレビュー。ネットショップを利用するお客さまの9割以上が、レビューを見てその商品を購入するかしないか決めているというデータがあります。

ほとんどのレビューは、お客さまの正直な感想ですから、どんな評価を下されようと、それは真摯な気持ちで受け取り、改良や改善のヒントにすればいいのです。

ところが、なかには同業者がライバルの足を引っ張るために、わざと星1つを付けたり、ネガティブなコメントを載せたりする場合があります。

しかし、その手の悪質なものも、一般のお客さまには区別がつかないので、多くの人はそのレビューを読んで「だったら買うのはやめておこう」となってしまうのです。

そういう悪意のあるレビューが1つ付いただけで、1週間も10日も費やし、工夫をこらしたウェブページが、まったく機能しなくなってしまうのですから、これは本当に厄介な問題です。

もちろんサイトの運営者に抗議をして、ひどいレビューを削除することもできなくはありません。

しかし、こちらで悪徳業者の仕業だと決めつけても、もしかしたら本当に、一般の方が付けたレビューである可能性もあるわけです。

そうすると、そのお客さまは「不満があったから星1つを付けたら削除された。なんて不誠実な会社だ」と思うかもしれませんし、それをSNSで拡散するなどということも考えられます。

従って、大切なことは、ゼロから1を生み出す努力を続けることだと考えています。これをやめたら、企業としての成長が止まるでしょう。

だからこそ、ウェブページの完成度を高めることは重要です。ここには、これからも意識を高めていきたいと思います。ネットビジネスに起こりうる問題は、トップランナーならではの悩みと割り切るよりほかないと思っています。

問題は、物流をどうしていくか……

将来的にも、絶対にやらないと決めていることがあります。それは、リアル店舗での販売です。

同業者で都心に旗艦店を出しているところもありますが、そこでネット以上に売れるかといったら、そんなことは絶対にありません。

私は長年、実店舗で商売をしてきましたので、リアルがＥＣに比べて、いかに効率が悪いかよくわかっています。

とくに家具は、リアル店舗ですと、商品を展示するのにかなりの広さのスペースが必要になります。

銀座の一等地のようなところに店を構えるとなると、毎月１０００万円も２０００万円も家賃を払わなければなりません。

しかし、ネットショップでしたら、場所代はかかりませんし、お客さまに付いて回って説明する社員もいらないのです。

以前は、家具のような右脳型商品は、「ネットでは質感や手触りが伝わらないので売れない……」と、まことしやかにいわれていました。

ただ、通信環境が５Ｇになり、ＴｉｋＴｏｋでのライブコマースや、ＳＮＳでインフルエンサーが使い心地を紹介するといったことが簡単にできるような時代になりました。

従って、この問題もすでにクリアされたといっていいでしょう。

どうしても商品を見せたり、お客さまと対面したりする必要がある場合は、ネットで告知してイベントを開催すればいいのです。

このようにインターネット自体の進化もあって、ＥＣ市場は年々拡大の一途をたどっています。

経済産業省によれば、ＢｔｏＣ市場における国内のＥＣ化率は、２０１０年は2・84％でしたが、２０１９年には6・76％まで増加しました。このままいけば、早晩10％は楽に超えるに違いありません。

お客さまのほうも、注文したら翌日、家まで商品が届く便利さを知ったら、もうわざわざ電車や車で買い物に行く生活には戻らないはずです。

こう考えていくと、リアルに比べるとＥＣ市場の未来は、格段に明るいといえます。

しかし、正直にいうと、手放しで喜んでいいとはいいがたい側面もあるのです。それは、物流です。EC化率が10％を超えたら、日本の物流は、間違いなくパンクします。現在、俗にいう「ラストワンマイル」の物流を担っているのは、ヤマト運輸、佐川急便、日本郵便の3社といえます。

これ以外の物流会社で、明日、明後日といったスパンで、全国どこにでも配達することに対応できるところはありません。

そして、この3社のどこもドライバーが足りないのです。

タンスのゲン 本社倉庫

話を聞くと、社員募集をしても、現代の日本の若者は運送業をやりたがらない方が多いようで、それを考えると、物流においての危機的状況はすぐそこまで迫っているといえます。

この、物流をどうしていくかといったことが、今後のＥＣビジネスにおける最大の課題になるかもしれません。

第4章

ハードワークを選ぶ自由もある⁉

向上心をもって
学び続けるというのは、
ビジネスで成功するための
必要最低条件なのです。

働き方は、自分で選択する！

私の父はとにかく仕事人間でした。決して大げさではなく、本当に1年365日のうち360日は、早朝から深夜まで働きづめだったのです。そんな父の姿はたくましくはあっても、自分にはとても同じようにはできないと思っていたし、やりたくもありませんでした。楽して格好よくお金を儲ける。私は、これこそが理想の姿だとずっと思っていました。現代の若者よりも、もっと「働くということ」を甘くみていたのです。

だから、父の下で働いているときは、父から何を言われようが、まともに聞く耳をもたず、反発ばかりしていました。

ところが、父と袂を分かって自分の店をもつようになると、状況は一変します。売上もないのに押しつけられた在庫が1000万円分。それでも自分の手で家族を養わなければならないとなったら、もう、楽してとか、格好よくとかいっていられる余裕はどこにもありません。

それで、気がつけば私も父のように、週末も盆暮れも関係なく、昼夜働くようになっていたのです。

その後、インターネットに出合って、これでようやく、楽して格好よく儲けられるかもしれないとほくそ笑んだものの、ネットビジネスでも儲け続けるには、結局、ライバル以上に時間も頭も使って働かなければならず、いまだに、楽して格好よくの日々は訪れません。

私には、売上300億円、さらにその先の売上1000億円、そして、大川をインテリアバレーにするという、まだ成し遂げていない目標があります。

つまり、ハードワークの日々は、まだまだこの先も続くということです。

第二次安倍内閣が働き方改革を打ち出して以来、長時間労働に対する社会の認識は一気に変わりました。

仕事は就業時間内に終わらせるのが当たり前で、残業も休日出勤もいとわない働き方は時代遅れ。社員のワーク・ライフ・バランスを軽んじる会社はブラック企業。いまやこれが常識となっています。

もちろん、当社も働き方に関しては、法律を遵守し、なおかつ社員のクオリティ・オブ・ライフを第一に考えるようにしています。

当社の勤務時間は午前9時から午後6時。ただし、カスタマーサポート部のみ午前9時から午後6時と、午前11時から午後8時までの2部制です。残業は月30時間を想定し、基本給に加え30時間分の残業保障給を支給します。実際の残業時間が30時間未満でも、この残業保障給は減額されません。

また、もし残業が月30時間を超えてしまったら、その分は別途支給します。年間休日は120日程度。有給休暇が、適切に消化されるような仕組みもあります。ですから、ワーク・ライフ・バランスを大事にしたい人も、安心して働けるはずです。

ただ、働き方改革の目的は、ただ労働時間を減らすことではありません。厚生労働省が2019年に発表した働き方改革の定義は、「働く人々が、個々の事情に応じた多様で柔軟な働き方を、自分で選択できるようにするための改革」です。

私は、これを次のように解釈しています。

ワーク・ライフ・バランスよりハードワークをしたい人は、それを選ぶ自由がある。

当社には、ECサイトの立ち上げから運営に至るまでの基礎的なスキルを5年間で取得できる、実践的な教育プログラムがあります。極端なことをいえば、このプログラムを終了した人はECのプロとして他社でも食べていけますし、起業して自分でECを始めることも可能です。

ただし、わずか5年でECのプロになるのですから、毎日定時に帰り、土日もしっかり休んで自分の時間も大切にしながらではまず無理。5年間はワーク・ライフ・バランスとは縁を切って、仕事と勉強に没頭しなければなりません。

自分は本気でECのプロを目指す、その覚悟もあるという人は、どうぞ当社の門を叩いてください。当社は喜んでノウハウを開陳し、実践の機会を提供します。しかし、その人には当然、5年間ハードワークをしてもらいます。

一方、ワーク・ライフ・バランスを重視しながら自分のペースで働きたいという人には、それが可能な仕事をしてもらう。もちろんハードワークを強要することはしません。

これが、タンスのゲンの働き方改革に対する考え方です。

なぜ私だけが残ったのか?

大川にインターネットで月500万円もタンスを売っている同業者がい

るという情報を聞き、それなら私にもできるかもしれないと、何の根拠もなしに思い込んでネットショップを始めてから、はや20年近くが経過しました。

出店準備のために、楽天が主催する3日間のスタートアップ・セミナーを受講したときは、パソコンすら触ったことがなく、本当に右も左もわからない状態だったのです。

そして、私にとってはそのセミナーが、文字どおりネットビジネスのスタートラインでした。

ただ、それは私だけではなく、そこに集まっていた他の60名にとっても同じだったはずです。もっといえば、それ以前の知識や経験や経済力を考えたら、その場にいたほとんどの人は、私より二歩も三歩も、いや一〇歩も二〇歩も、その時点では前を行っていたと思います。

ところが、そのときのセミナー参加者の中で、いまも楽天市場に店舗があるのは、私だけなのです。

彼らと私の違いは何だったのでしょう。私にはもともと、ネットビジネスの才能が備わっていたということなのでしょうか。

その可能性は限りなくゼロです。私がビル・ゲイツやスティーブ・ジョブズのような人間でないことは、自分がいちばんよくわかっています。

あれこれ考えると、いちばん大きかったのは、真剣さ、本気度の差のような気がします。

当時、私は筑後に家具店を構え、人生でこれまでないくらい働いていました。それなのに、売上はパッとしません。なんとか店を維持していくのが精一杯のありさまです。しかも、市場は年々縮小しており、この先明るい未来などまるで想像できない……。

だから、インターネットの話を耳にすると、すぐに飛びつき、前のめりになりました。父に反対されても聞く耳をもたなかったのは、私にとってネットビジネスが、最後の頼みの綱だったからです。

なので、私は、これで失敗したらもうあとがないという悲壮な覚悟で、楽天のスタートアップ・セミナーに臨みました。

ところが、そんなふうに額に青筋を立てていたのは私くらいで、大半は、ネット販売がどんなものか覗いてやろう、新しいビジネスチャンスが手に入ればめっけもの程度の意識で参加しているように見えました。

どんなセミナーでも、そこで何をどれだけ得られるかは、教え方や内容よりも、学ぶほうの意欲や姿勢次第なのです。誰よりも貪欲だった私が、そこで最も多くの恩恵を受けたことは想像に難くありません。

そして、ネットショップが軌道に乗り始めてからは、負けず嫌いという私の性格が、大いにプラスに働きました。

周囲の経営者仲間を見ると、起業から一気に年商10億円くらいまでいく人は、決して珍しくないようです。

しかし、ここからさらに年商50億円、100億円と事業を拡大していくとなると、その人数はぐっと減ります。

理由は単純明快。それまでわき目も振らず遮二無二《しゃにむに》仕事に打ち込んできた人も、年商10億円を超えるくらいになると、そこで満足してしまうのです。あるいは、この先もこのままの勢いでいけると気が緩むのか、六本木や西麻布といったお洒落な街に夜な夜な繰り出して、遊び始める。

しかし、私はというと、彼らのように遊びたいとは全然思わないのです。リアルショップで長い間辛酸をなめてきたこともあって、こんなところで満足していたら、いつまた落ちるかわからないという恐怖感が常に背中に張り付いているのです。

それに、楽天市場やアマゾンなどのＥＣモールを覗けば、自分のところよりもずっと大きな売上を上げているネットショップが、いくらでも見つかります。そうすると、こんなところで満足していられない、負けてたまるかという思いがふつふつと湧いてくるのです。

これは、明らかに父の影響だと思います。

ビジネスで成功するための条件

私は、高校を卒業してからずっと父の下で、家具の製造販売を生業にしてきましたので、ネットショップを始める際にも、家具の知識や営業の仕方、対面での接客などに関しては、それなりに自信をもっていました。

しかし、すでに申し上げたように、インターネットやパソコン、ECなどに関しては、恥ずかしながら素人同然。ただ、もともと好奇心は旺盛なほうなので、新しいテクノロジーに対する抵抗もそれほど感じず、必要なものは仕事を通して身に付けていきました。

それよりもたいへんだったのは、経営のほうです。それまで経営書を読んだこともなく、実店舗もパパママストアでしたから、会社経営なんて関係ありません。でも、売上が拡大し、社員の数も増えてくると、だんだんとそんなこともいっていられなくなってきました。

それでセミナーや研修に参加するようになったのですが、なにしろ勉強してきていませんので、大学教授や著名な経営者の話を聞いても、内容云々より、単語の意味がわからないのです。だから、ほかの人が手を挙げて質問している間、こっちは「デューデリジェンスってなんのこっちゃ」と、周囲に隠れてスマートフォンで意味を調べている。それが本当に恥ずかしくてたまりませんでした。

そこからです、私が本を読み始めたのは。稲盛和夫氏、永守重信氏、渋沢栄一氏ら名だたる経営者の本はもちろん、経営理論や実務に関するものまで、もう洋の東西を問わず片っ端からです。

ようやく土台ができてきたと感じたのは、200から300冊読んだあたりでしょうか。でも、まだまだ足りません。

そして、これは私だけではなく、トップランナーはみなそうだと思います。向上心をもって学び続けるというのは、ビジネスで成功するための必要最低条件なのです。

必要なものはまだあります。

目標もそうです。目標というのは、夢に日付を入れたものです。

当社は事業ビジョンに、2018〜2023年300億円、2024〜2040年1000億円という売上目標を掲げています。ゴールと日付が決まっていれば、そこから逆算していまから3年後、1年後、1ヵ月後、1週間後にそれぞれ何をやればいいかが見えてくるのです。

それから、相手の立場で考えるということ。相手というのはお客さま、社員、その他のステークホルダーのことです。

常に最高と同時に最悪の場面も意識しておくことも、忘れてはいけません。当社でもほとんどの社員は、すべてが順調にいって、最高の結果が出ることを前提に仕事をしているように見えますが、それは非常に危険なことです。

ものごとはうまくいくこともあれば、どんなに用意周到でも予定どおりにいかないこともある。とくに経営者は、うまくいかなかったときにどうやって危機を回避するか、あるいはダメージを最小に抑えるかというところで、その力量を問われるのです。

それから、成功している人はみな非常に謙虚で、なおかつ周囲に対する感謝の気持ちを忘れないという点も共通しています。

私自身もここまで来られたのは、いろいろな人が苦しいときに手を差し伸べ、助けてくれたからであり、そういう人たちには、いくら感謝しても足りませんし、その恩に報いるのが、自分の使命だと思っています。

だからこそ、苦しいときも力が出る。私利私欲がモチベーションでは、肝心なとき踏ん張りが利かないのです。

大学の成績より、やる気を重視

タンスのゲンでは2011年から、新卒採用を行っています。

ネットビジネスには教育が必要な新卒よりも、即戦力となる中途採用に力を入れたほうが効率的だという考え方もあるようですが、私はそうは思いません。

当社にとっての即戦力とは、たとえば月に10億円を売り上げる実力をもったECのプロのことです。しかし、そういう人材は、中途市場ではなかなか見つかりません。それよりも、新卒で入ってきた社員を育てるほうが確実です。

前述したように、ECのプロになりたい人は、当社の門を叩いてみてください。5年間でプログラミング、ネット通販の販売、サイト運営のマネジメントなどのスキルが確実に身に付きます。

そうすれば、どこのECサイトでも働けますし、起業して自分でネットビジネスを始めることも十分可能です。

入社前の知識はゼロでもかまいません。プログラミングやマーケティングについては、多少知っているほうが有利かもしれませんが、なくても大丈夫です。
出身学部も大学の成績もあまり気にする必要はありませんし、実際、そういうものは入社後の成長度合いとは、ほとんど関係ないといえます。

それよりも大事なのは、本人のやる気です。当社には実績のある育成プログラムがあって、教育体制もしっかりしたものがありますから、5年後、自分はECのプロとして、どこでも食べていけるようになってみせるという強い意志さえあれば、恐れることはないのです。

ただし、当社にはいろいろな部署がありますから、5年でECのプロを目指すといった野心に満ちた人でないと居場所がないというわけでは、もちろんありません。むしろ、性格も含めていろいろな人がいたほうが、組織としては健全だと思っています。

ただ、どの部署でどんな仕事をするにせよ、日がな1日ひとりということはなく、人とのかかわりは必ず発生しますので、最低限のコミュニケーション能力は求められると思ってください。

それから、素直でないと成長速度が遅くなるので不利だということも知っておくべきです。

会社に入ったら、最初はわからないことだらけ。そういうときは、とにかく近くにいる先輩をつかまえて、教えを乞うのがいちばん効率的です。もちろん、先輩だって忙しいでしょうから、いつも懇切丁寧に教えてくれるとはかぎりません。タイミングが悪ければ怒鳴られることだってあるかもしれない。

それでも、わからないことをわからないと言うのは新入社員の権利ですし、後輩が早く育たないと、先輩社員だっていつまで経っても自分の仕事の負荷が減りませんから、必ず教えてくれるはずです。

ところが、素直じゃない人は、なかなかこの「わかりません」が言えず、ついわかったふりをしてしまう。そうすると、いつまで経っても正しい仕事のやり方が覚えられないということになるのです。

この手のタイプは、地頭がいい人に比較的多く、傍から見ると余計にもったいなく見えます。

わからないのは恥ずかしいことではありません。本当に恥ずかしいのは、そうやってごまかしてばかりで、中堅になって、新入社員でもできることができないままでいることのほうです。

「理念」の共有は必須

高度成長期の頃はどこの会社でも、真っ白な状態で入社した社員を自社の色に染め上げるということが、当たり前のようにされていました。働き方も、終身雇用を保障する代わりに、社員は黙って会社の命令に従うことが求められたのです。

いまそんなことをしていたら、すぐにブラック企業の悪評が立ってしまうでしょう。それに、働くほうにも、ワークとライフは分けるという考え方が浸透していますので、滅私奉公を強要されるような会社で働きたいという人は、まずいないと思います。

私自身は「昭和」の人間ですが、タンスのゲンは「令和」の会社ですから、社員は会社のために尽くせというような、昭和型のマネジメントとは無縁なので安心してください。

どんな人も、当社に入社したら幸せになってほしい。私はそう思っています。もっといえば、すべての社員が働く喜びや、自己成長を感じられる会社でありたいのです。

何が幸福かは人によって違います。当社はなにごとにつけてもスピードが速い会社ですので、バリバリ働いて早く力をつけたいという人は働きやすいと思いますが、一方で、マイペースでじっくりやりたいという人も、置いていくことはしません。

自分が、いちばんやりやすいやり方で会社に貢献し成長できることが、その人の幸せにつながる。そして、私はタンスのゲンを、そういう会社にしたいのです。ただし、企業理念から外れた行動や考え方は、当社の社員でいるかぎりは認められません。

「Design the Futer」
「大川を、世界のインテリアバレーに。」

これが当社の企業理念と、コーポレートメッセージです。

当社はこれらの理念を実現するために存在し、日々の事業を行っているのです。社員一人ひとりがそれを理解していれば、足の速い人も遅い人も目指すゴールは一緒ですから、どちらも会社の推進力となり、そこに不要も無駄も生まれません。

ところが、理念が共有されていないと、それぞれが勝手な方に向かおうとするため、ある人の努力が別の人の足を引っ張るといったことが容易に起こります。そうすると会社の成長速度は遅くなり、進路を外れて迷走するという事態すら引き起こしかねないのです。

それゆえ、当社では、理念を朝礼で確認するのはもちろん、社員4～5

人のグループを相手に私が理念の解説と対話を行う意見交換会なども行って、理念の浸透を図っています。

また、理念に基づいた行動指針や行動規範などを書いた「Ｐｈｉｌｏｓｏｐｈｙ Ｎｏｔｅｂｏｏｋ」を社員に配布しているのも、常に理念を忘れないでいてほしいからです。

給料は高いほうがいい？

どうすれば社員に「タンスのゲンに入社してよかった」と思ってもらえる環境を提供できるかは、どうすればネットショップの売上をもっと伸ばせるかと並ぶ、私の経営課題です。

まだ採用の中心が縁故や地元のハローワークだった頃は、とにかくどこよりも給料をたくさん払えば、社員が喜んでくれるだろうと単純に考えていました。

それで、初任給を高めに設定し、昇進して店長になったらさらに倍にするというようにしていたのですが、いま考えればこれは、あまりいいやり方ではなかったと反省しています。

たしかに給料がモチベーションとなって、多くの社員のやる気を引き出すという効果はありました。一方で、金額に見合うだけの成果を上げなければと無理をしすぎて、倒れる人が続出したのです。一部の社員には、高い給料が逆にプレッシャーになっていたのでしょう。

それで、いろいろな会社の仕組みを研究し、5年前に社内評価制度をつくりました。いまも、給与水準は決して低くはないと思いますが、昇進したからいきなり倍にするような乱暴なことはしていません。

経営理念の理解と実践度、提案制度の運用状況と提案数、業務実績と遂行能力に基づいて、給与や賞与を決めるというやり方をしています。評価は年2回。ガラス張りにしてできるだけフェアかつ客観的にしているつもりですが、まだ完璧というわけにはいきません。これからさらに完成度を高めていきます。

本音を聞き出す社長面談とメンター制度

厚生労働省が、2017年3月卒業者の状況を調査したところ、大卒者の就職後3年以内の離職率は32・8%。高卒者の約4割、大卒者の約3割が就職後3年以内に離職する傾向が、ここ数年続いているといいます。

一概に中途退職といっても、当社の仕事を通じてたくましく成長した社員が、身に付けたスキルと能力を武器に、新たなステージに挑むための旅立ちなら、私は心から応援します。

しかし、目を輝かせて入ってきた社員が数年後、やっぱりこの仕事は自分には向いていませんでしたと、会社を去っていくというのは、うれしいものではありません。そのたびに、どうして彼の期待に応えられなかったのだろうと、申し訳ない気持ちで胸がいっぱいになります。

ただ、中途退職する人にその理由を聞いてみると、もっと早い段階で相談してくれていればなんとかできたのではないかと思われるケースも、実は結構あるのです。

しかし、困ったことがあったらいつでも上司や先輩に相談しなさいと社員にいっても、社員のほうからアクションを起こすのは、やはりハードルが高い。

だったらそういう機会を会社が設けようと、当社では数年前から、社員4〜5人と、社長である私と意見交換会を、お茶を飲みながら定期的に行うようにしています。

といっても、そこであれこれ質問して、悩みや不平不満を聞き出そうというのではありません。いきなり社長から「仕事はどうだ」と尋ねられたら、たとえ辞めたいと思っていても「大丈夫です。がんばります」と答えるに決まっているからです。

本音というのは、ある程度距離が縮まらないと出てきません。それにはとにかくコミュニケーションの量を増やすことです。ただし、本当に腹を割って話をしてくれるまでには、かなりの時間が必要なので、こちらも辛抱強く向き合う必要があります。

若手の悩みを聞き出し解消するもう1つの施策、それがメンター制度です。新入社員ひとりひとりに対し、社歴や年齢の近い先輩社員がメンターとなって、仕事だけでなく精神面に関しても相談にのり、手助けをします。

といっても、先輩になったら、誰もが無条件でメンターになれるわけではありません。メンターになるには研修を受け、メンターの意義や後輩への接し方、指導の仕方を学ばなければならないのです。

実は、このメンター制度には、後輩の指導をすることで自身の成長を促すという側面もあります。

当社にとって人材は「人財」です。

私はすべての社員に、タンスのゲンに入ってよかったと思ってもらいたい。そのための投資と努力は惜しまないつもりです。

社内教育の内容

まだ社員数が少なかった頃は、誰もが日々の仕事をこなすのに精一杯で、教育にまで手が回りませんでした。ですから、社員教育はＯＪＴが中心。要するに「仕事は現場でやりながら覚えろ」「先輩の背中を見て、学べ」という、昔ながらのやり方でした。

しかし、新卒採用を行うようになると、それでは社員がなかなか育ってくれません。脱落者も多く、これはちゃんとした教育制度が必要だと、ようやく気づき、そこから社員教育に力を入れるようになりました。

現在は、まったく知識がない状態で入社した人でも、ちゃんと仕事ができるようになるための育成システムを用意しています。

主な、社員教育の内容は、次のようになります。

【新入社員向け】

・新卒勉強会（4～6月の間、週2回2時間）
・新卒フォローアップ研修（7～3月の間、月1回）
・CS研修（6～8月のうち1ヵ月程度）

【1～3年目社員向け】

・理念研修（入社2～3年目の社員を対象に年1回）
・キャリア面談
※新卒1年目は年4回、新卒2～3年目は年1回
※年2回の検討時期に希望者への個別実施

【その他】

・商品共有会（毎週金曜日9：30～実施）
・タンスのゲン統一テストの開催（月1回）
・外部セミナー（新卒1～3年目、リーダー候補／役職者の外部セミナー参加を

人事が計画）
・18～20歳の採用者を対象としたプログラムの実施
・ＯＪＴ（実際の職務現場において、業務を通して教育訓練を行います）

※詳細は次のサイトでご確認下さい。
https://tansu-gen.co.jp/recruit/kyoiku.html

5年で、ＥＣのプロになれる

ネットショップを立ち上げるのは、難しいことではありません。しかし、売れるショップとなると、途端に難度が高くなります。

バナー、写真の撮り方、商品レイアウトといったページづくりからＳＥＯ対策、販売計画、サイト運営の基本、デジタルマーケティング、さらにプログラミングなどさまざまなスキルやノウハウが必要です。

また、ネットビジネスは環境変化も激しいので、新しいと思った知識もすぐに陳腐化します。なので、常に現場から最新の知見を得られることも重要です。そして、繰り返しになりますが、当社にはそういったノウハウと環境がそろっています。

将来ECのプロになって活躍したい、実家の小売店をEC化したい、起業して自分でECを始めたい……といった希望をもっている人向けのプログラムといえます。

ただし、かなりのハードワークを要求されますので、中途半端な気持ちだと挫折しかねません。しっかりした覚悟が必要だということは付け加えておきます。

タンスのゲン
OJT＋ OFF-JTによるキャリアイメージ（販売部）

入社　1年　2年　3年　4年　5年後

入社〜2年目	3年目〜4年目	4年目〜5年目
プログラミングスキル サイト運営の基礎習得	ネット通販の販売スキル 商品提案、 商品育成ノウハウ習得	サイト運営における マネジメントスキル習得
■ **店舗スタッフ・店長補佐** ■ **店長** **【技術】** ・各モールでの出品・サイト内のディスプレイ変更 ・Photoshopを利用した画像の加工（バナー作成、メイン画像作成） ・html、CSSを使用したWebページの作成 **【知識】** ・各モールでのシステム理解・商品知識 ・SEOの基本的理解 ・売上の公式をベースにした考え方 ・社会人としてのビジネスマナーとコミュニケーションスキル ・企業理念に基づいた誠実なページ作成・サイト運営の基礎 **【経験】** ・各モールの担当者との情報共有・メルマガ作成	■ **主要店舗の店長** **【技術】** ・販売計画の作成 ・SEO対策 ・Adobe Premiere Proを用いた動画作成（一部） **【知識】** ・競合他社の動向把握 ・誠実なサイト運営の技術 ・WEB販売における商品育成のノウハウ ・メンタリング概要／スキル ・タイプに合わせたコミュニケーションスキル・デジタルマーケティングの基礎 **【経験】** ・サイト運営 ・モールイベント（セールなど）の企画 ・業務における問題解決力・メーカー商談・商品提案	■ **マネージャー** **【技術】** ・Pythonなどを用いたプログラミング **【知識】** ・広告の運用ノウハウ ・各販売チャネルに応じたWEBマーケティング ・面談スキル ・マネジメントの理解とリーダーシップ力・デジタルマーケティングの運用 **【経験】** ・部署内マネジメント ・他部署との連携、調整

右図でもおわかりいただけると思いますが、繰り返しお話しするように、当社には、ECサイトの立ち上げから運営に至るまでの基礎的なスキルを5年間で取得できる、実践的な教育プログラムがあるのです。

極端なことをいえば、このプログラムを修了した人は、ECのプロとして他社でも食べていけますし、起業して自分でECを始めることも可能です。

こういった人材を育て上げていくことを可能としているのも、当社の強みであるといえるでしょう。

第5章

ワクワク働く、社員の声

この会社を選んだのは
『福岡をしあわせに』という
経営理念に
共感を覚えたからです。

大事なのは、日々の試行錯誤

田原 陣（たはら・じん）愛称【ジン】
山口県出身　山口大学経済学部卒業
２０１８年入社　26歳　販売部販売促進課

就職活動を始めるまでは、タンスのゲンという社名も知りませんでした。では、ＥＣや家具に興味があったのかといわれると、それも違います。私が惹かれたのは、会社の雰囲気です。

会社訪問をすると、どの会社もある段階からは年配の人が応対します。ところが、タンスのゲンは、若手の社員ばかり出てくる。しかも、みな元気いっぱいで、すごく活気にあふれているのが伝わってきました。それで、この会社なら若いうちから活躍の場を与えてもらえそうだと思ったというのが、入社を決めたいちばんの理由です。

その印象は入社後もそのままで、とくに、上司との距離は、自分がイメージしていたよりずっと近いと感じました。だって、上司と部下もあだ名で呼び合うんですよ。私は最初、なかなかしっくりしたあだ名が決まらず、髪形から「ヘルメット」になりそうだったので、あわててそれはボツにしてもらい、いまは「ジン」に落ち着きました。

関係が親密すぎるというのは嫌だという人も、もしかしたらいるかもしれませんが、そのほうが若手でも意見を言いやすくなるので、私はいいと思っています。

所属は入社以来ずっと販売部販売促進課です。1年目は店長補佐という立

場で、店舗の運営管理やセールなどの情報発信、それからプロモーションなどを手伝っていました。2年目には楽天市場の店舗を任されて、現在も店長です。3年目からはさらに業務の幅が広がって、在庫管理や新商品の導入なども手がけています。

入社動機がふわっとしていたこともあって、1、2年目のときは少し遠慮していたところもありましたが、店長になって、自分がやらないとどうにもならないという状況に置かれ、ようやく自覚が出てきたように感じています。

4年目ですから、ECにおける店舗の見せ方、プロモーション、マーケティングなどのスキルはかなり身に付いたのではないでしょうか。

それから、メーカーの担当者とやりとりするといった機会も増えてきて、社会人としてのコミュニケーション能力もかなり上がったのではないかとひそかに思っています。

仕事に関する知識やノウハウは、ほぼOJTで学びました。ECというのは、スタイルが決まっている部分も少なくはないのですが、現実にはさまざまなパターンがありますので、マニュアル化は難しい。やはり、こういう場合はこうしたらいいというのを、その都度、上司や先輩から教えてもらういまのやり方のほうが、理にかなっているような気がします。それに加えて大事なのは、日々の試行錯誤ですね。だから、「自考自走できる人」は、当社向きだといえます。

それと、プログラムが書けるなどの一芸に秀でた人は、希望すればその一芸を生かせる部署に優先的に配属してもらえますので、そういう人も当社向きだし、会社も求めているはずです。

ここに来るまで、大川には縁もゆかりもありませんでした。だから、あまりに何もなくて最初はびっくりしましたが、暮らしてみると久留米や佐賀も近くて、とくに不便を感じることはありません。それよりも、10メートル進むと家具関連の店に出くわすのには感激します。日本一の家具の生産地という謳い文句は伊達じゃないのです。

とにかくまだ社会人として未熟ですので、これから会社が売上300億円、1000億円を達成するために力を尽くしながら、さらに自分もスキルアップしていくことしか頭にありません。

それで、ある程度時間が経って、これは当社だけで使えるスキルなのか、それとも他社でも通用するのかが見極められるようになったら、その先のキャリアを考えようと思っています。

必要な知識は実務で身に付ける

水浦一之（みずうら・かずゆき）　愛称【カズオ】
長崎県出身　長崎大学経済学部卒業
2016年入社　28歳　商品部

タンスのゲンの名前を知ったのは、就職活動のときが最初です。たまたま参加した就職座談会がすごくおもしろくて、それで興味をもちました。

とくに印象に残ったのが橋爪代表の飾らない人柄。

そのとき代表は学生の前で、東日本大震災の直後は本当に倒産するかと思ったというような、本当なら隠しておきたいようなことまで、包み隠さず披露してくださいました。そういう話を聞いて、こんな代表の下で働いてみたいと思ったのです。

私はもともと家具のことなど何も知らなかったのですが、それは気になりませんでした。それよりも、私が重視していたのは、心からそこで働きたいと感じるかどうか。何を扱っているかや、どんな業種かよりも、その気持ちのほうを重視して会社を選ぼうと決め

ていました。

いま考えるとそれは、大正解だったと言っていいと思います。


入社後も、ギャップを感じたことはありません。社員があだ名で呼び合うのだって、私にとってはまさにイメージそのまま。この会社ならそれくらいのことはやるだろうと思っていたので、驚きはありませんでした。

ただ、自分のあだ名は自分で考えなければならず、しかも、新鮮味があって呼びやすいものでないと人事部がオッケーしないというのは、さすがに想定外でしたね(笑)。

私も何度かダメ出しをくらった末、「カズオ」に決まりました。『サザエさん』のカツオと本名の一之のハイブリッドです。

仕事に関しても、決して派手ではなく、泥臭いことをコツコツやるのだろうと想像していたら、そのとおりでした。配属は最初が販売促進課で、数ヵ月後に現在の商品部に異動になりました。ある日、朝出社したら社長から「今日から商品部でがんばってくれ」。理由はわかりません。商品部は、商品開発、品質管理、在庫管理の3つが主な仕事で、ほかにも取引先との条件の改善なども大事な業務です。

商品管理には、既存の品ぞろえで足りない部分を補っていくのと、市場で伸びていて当社でまだ扱っていない商品を開拓するという、2つの側面があります。

当社でまだ扱っていない分野の商品を新たに手掛けるためには、すでにつきあいのあるメーカーに製作をお願いするか、新規の優良メーカーを探すかのどちらかしかありません。それで、以前は、技術のしっかりしたメーカーを見つけて協力関係を構築するために、中国の展示会にもよく行っていました。コロナ禍の現在はそれができないので、現地の駐在スタッフに探してもらっています。

新入社員の頃は、できるのは倉庫の検品作業くらいでしたが、いまでは、どういう商品を仕入れたらいいかもわかるようになりました。

当社の場合、教育の基本はＯＪＴなので、必要なスキルは、日々の実務を通して身に付けていきます。もちろん先輩も教えてくれますが、みな忙しいですから、受け身の姿勢だけだと厳しいかもしれません。

私は、自分でビジネス書を読み漁り、3C分析などの公式をあらかじめ頭に入れておき、それを現場で試すというやり方をしていました。私みたいにすれば、基礎知識ゼロでもなんとかなるものです。


実家のある長崎と比べると、大川はかなり田舎ですが、それでも近くにスーパーや飲み屋街もあるし、公共交通機関を利用すれば、佐賀や久留米や福岡市内もすぐなので、不便を感じたことはありません。住めば都です(笑)。むしろ、自宅から会社まで車でわずか10分という快適さを知ってしまったら、もう離れられないかもしれません。

通勤時間の長さと幸福度は反比例するという話を聞いたことがありますが、本当にそのとおりだと思います。

将来は、とくに独立志向が強いということもありませんので、現在の仕事を続けながら着々と実力を蓄え、社内で1000万円プレーヤーになるというのが当面の目標です。

安心して子育てができます

東 小蘭（あづま・しょうらん） 愛称【チン】
中国福建省出身 昭和女子大学卒業
2012年入社 35歳 商品部

私は中国人です。

東京の大学を卒業して、食品関係の貿易会社に就職したのですが、そこでは自分が思ったような仕事ができませんでした。それで1年ほど経った頃、たまたま立ち寄ったハローワークで、タンスのゲンの求人を見つけたのです。

何をやっている会社か知りませんでしたが、求人票に「いろいろなことに挑戦できる」とあったので、ここならもしかしたら自分の力が発揮できるかもしれないと思い、応募したところ運よく採用されました。

しかし、それまで福岡に来たこともなく、大川がどんなところかもわかりません。地図を見て、市の施設が集まっている町の中心部なら賑やかだろうと、市役所のすぐ隣に家を借りたのに、東京と比べると人が全然少ない（笑）。

会社の第一印象はすごくよかったです。初めての外国人社員ということもあって、みんな、すごく優しく接してくれました。

たとえば、朝雨が降っていると、「車で迎えに行こうか」というメールが同僚から次々と送られてくる。当時、まだ車の運転免許をもっていなかった私

は、自転車で通勤していました。それを知って、だったら雨の日はたいへんだろう、とみんなが気を遣ってくれたのです。

橋爪代表も「チンさん、大丈夫」と、私が慣れるまでしばしば職場に様子を見にきてくれていました。

副社長が「週末に家族でバルーンフェスティバルに行くんだけど、チンさんも一緒に行かない」と誘ってくれたことだって、1度や2度ではありません。

ひとりで大川に来て友だちもいませんから、やっぱり最初はさびしいし心細いじゃないですか。みんながそういう私の心情を察して、いろいろ手を差し伸べてくれたのです。

その後も、出産で私の両親が大川まで来たときには、代表がわざわざ食事に招待してくれました。もちろん両親は大感激です。

本当に、こんな温かい会社はそうはないと、いまも私は思っています。

ちなみに「チン」というのは私の旧姓。それがそのまま社内の呼び名になっています。

入社後すぐはカスタマーサポート部でしたが、1ヵ月ほどで商品部に異動になりました。いまの仕事は商品開発と開拓、それから品質と在庫の管理です。

開発といっても、当初はすでに市場で売れている商品を調べ、それに改良を加える程度でした。最近は、1からオリジナル商品をつくることが多くなっています。

私自身も、初めの頃は上司から指示されたとおりにやるだけでしたが、いまは自分で市場を分析したり、お客さまのニーズを探ったりして、これなら売れるという商品を自分で考えられるようになりました。そういう意味では、かなり力が付いたと思います。たぶん、どこのECの会社にいっても通用するのではないでしょうか。

この会社のいいところは、上の人との距離が近いこと。わからないことがあると周囲の先輩をつかまえてすぐに質問できます。ただし、なかには厳しい先輩もいますので、質問する際はそれなりの覚悟も必要です。

それから、自分が望めば結構いろいろなことをやらせてもらえます。だから、チャレンジ精神がある人はどんどん仕事ができるようになります。反対に、指示待ちだとなかなか成長できないかもしれません。


女性にとっては間違いなく、働きやすい会社です。

私はこの10年間で、結婚して子どもを2人出産し、産休（産前産後休業）と育休（育児休業）を2回ずつ取りました。とくに最初のときは、1年間育休をとって職場に戻れるかとか、働きながら子育てができるだろうかとか、不安がいっぱいでしたが、いずれも杞憂にすぎませんでした。

仕事に復帰してしばらくした頃、「子どもが熱を出したから迎えにきてください」という連絡が保育園から入ったときのことを、いまでもよく覚えています。

急に仕事を抜けたら周りに迷惑をかけてしまう、でも迎えにいかないわけにはいかない。

「すみません、子どもが熱を出したみたいなんで、これから保育園に迎えにいってきます」

申し訳ない気持ちで報告にいくと、代表は私にこう声を掛けてくれたのです。

「早くいってあげなさい。仕事よりも子どもが大事だよ」

ああ、この会社なら安心して子育てができる。

そう思ったら、うれしくて涙が出ました。

タンスのゲンは、社員の生活のことを本気で考えている会社なのです。

いまはまだ子どもが4歳と6歳ですので、子育てを優先して時短勤務にさせてもらっています。また、授業参観日や運動会などの行事があるときは、有給休暇を使います。遠慮したり、心苦しさを感じさせるような雰囲気がないのは、本当にありがたいです。その分、もっと仕事をがんばろうという気持ちになれます。

私はこの会社が大好きです。大川は、北京や上海よりは田舎ですが、おいしいものがたくさんありますし、家賃が安いから住みやすい。それに、緑がいっぱいで大きな公園もあって、子育てにも向いていますので、当分離れることは考えていません。

これからもタンスのゲンで楽しく仕事をし、成果を出して会社に貢献していきたいと思っています。

そして、子育てが一段落ついたら、ベトナムやマレーシアの駐在にも挑戦してみたい。こっそりそんなことも考えています。

学びたいという気持ちが高まります

坂口 斉（さかぐち・ひとし） 愛称【カルロ】
熊本県出身　福岡大学経済学部卒業
2019年入社　24歳　プロジェクト開発室

最初にタンスのゲンに興味をもったのは、もともとインテリアが好きだったのと、それを実店舗ではなくインターネットで販売しているのが新鮮で、将来性を感じたからです。

それで、インターンシップに参加するなどして、会社のことをいろいろ調べているうちに、今度は、橋爪代表の人間くさい魅力的な人柄が伝わってきて、「この人から学びたい」という気持ちがだんだん強くなってきました。


それから、「Design the Future」「大川を、世界のインテリアバレーに。」という企業理念とコーポレートメッセージに共感し、それで就職先に選んだというわけです。

インターネットビジネスで、社員の平均年齢が低いこともあって、入社前のイメージは、とにかく明るくてキラキラした会社。でも、当たり前ですが、実際に働いてみると、目標達成に対する意識や、一人ひとりの成長意欲が強く、ああ、実際はこんなに引き締まっているのだと、そのギャップにちょっと面食らったことを覚えています。

ただ、上下関係が必要以上に厳しいというようなこともなく、社員どうしの距離は近いです。

私は「カルロ」と呼ばれています。インターンシップでプロジェクトリーダーに指名されて、カルロという3人掛けのコーナーソファの売上を伸ばすという課題に取り組んでいたら、いつの間にか副社長が私のことを「カルロ」と呼ぶようになり、それがそのまま、あだ名として定着してしまったのです。そういう会社ってよくないですか（笑）。

入社後の配属は、販売部販売促進課。

最初は楽天市場店で店舗の運営を学び、それから徐々にほかの店舗の管理も行うようになっていって、2020年9月には本店サイトの店長を任されるまでになりました。

この間、エクセルなどサイト運営に関するパソコンやインターネットのスキルは、かなり身に付いたと思います。

それから、コミュニケーション能力も明らかに上がりました。実は、私は他人、とくに初対面の人との会話があまり得意ではありませんでした。ただ、ネットショップの運営は、いろいろな人と協力し合いながら行わなければならないため、そんなことはいっていられません。

それで、先輩のやり方を参考にしたり、自分でも工夫したりしているうちにだんだん慣れてきて、いまでは、初めての人とでも問題なくスムーズに会話ができるようになりました。

あとは、先延ばしにしないですぐ行動に移すことや、簡単にあきらめないで、商品が売れるようになるまで改善を続けることなども、この2年間でずいぶんできるようになったと思います。粘り強いというのは当社の社員の特徴かもしれません。

教育に関しては、社内や外部セミナーもありますが、仕事を通して覚える、あるいは先輩から教えてもらうことの比率のほうが圧倒的に大きいといえます。

といっても、現場で怒鳴られたり、理不尽なことを言われたりすることはありません。先輩はみな優しいですよ。ただし、同じミスを何度も繰り返したり、お客さまに迷惑がかかるようなことをしたりすれば、そこは厳しく指導されます。

2021年の2月から、プロジェクト開発室の勤務になりました。異動は自分から希望したのではありませんが、人事から打診があったとき、広報や採用といったプロジェクト開発室の業務もおもしろそうだし、自分にとって新たな成長機会になりそうだと思ったので承諾しました。

将来は起業も1つの選択肢として考えていますが、かといって具体的な構想があるわけではありません。都会よりも田舎暮らしが好きな私にとって、大川というのは最高の環境なので、ここにじっくり腰を据えて、5年、10年かけプロジェクト開発室の仕事をしっかり学び、広報や採用といった側面から会社の成長に貢献できるようになってから、その先のことを考えようと思います。

挑戦心があれば、働きやすい

石橋茉那美（いしばし・まなみ）　愛称【マナミン】
福岡県大川市出身　大川樟風高校卒業
2015年入社　23歳　プロジェクト開発室

当社を就職先に選んだのは地元の有名企業だったのと、経営理念にもある「福岡をしあわせに」というところに共感を覚えたからです。就職が決まって学校に報告にいくと、先生が「いい会社に入ったね」と喜んでくださいました。

社会人は上下関係が厳しいから、自分に耐えられるだろうかという不安もあったのですが、入社してみたら、みんながあだ名で呼び合うなど、上下関係なく社員間の距離が近く、いい意味で想像とは違っていました。ちなみに私のあだ名は、「マナミン」です。

入社後最初の配属は、カスタマーサポート部。電話やメールを通してお客さまの質問や意見をうかがい、適切に対応するのが仕事です。

最初は、お客さまに自分の意図するところを誤解のないように伝えるというのが難しく、ずいぶん苦労しましたが、それでも先輩に教わりながら、現場で経験を重ねたおかげで、かなりできるようになったという実感はあります。

女性だからというハンデを感じたことは一度もありません。仕事の割り振りに男女の差はありませんし、女性であっても「これをやりたい」という意思表示をすれば、どんどんチャンスを与えてくれます。また、育児休暇や福利厚生などの制度も整っているので、結婚して子どもが生まれ、子育てが一段落してから復帰する女性社員もずいぶんいます。

仕事が好きでチャレンジ精神旺盛なら、男女かぎらず働きやすい会社だといっていいでしょう。

私は、2020年11月にプロジェクト開発室に異動しました。現在は広報が活動の中心です。きっかけは、3年前に大川最大のイベント「大川木工まつり」で、「第38代 さわやかかぐや姫」

に選ばれ、大川の産業、観光、文化などを伝える活動にかかわるようになったこと。

そこで、PRのおもしろさに目覚め、「さわやかかぐや姫」の任期が終了しても、大川やタンスのゲンのPRを続けていきたいと思うようになりました。それで、会社に異動の希望を出したら受け入れてもらえたのです。

当社はこれまで、広報活動にはあまり力を入れてきませんでしたので、すごくやりがいを感じています。私はできるだけ長く働きたいと思っていますので、これからじっくり時間をかけて、タンスのゲンの知名度を高め、その魅力を全国各地の人に伝えていきます。

第6章

「インテリアバレー構想」の未来

地方創生に尽力して、
日本全国を元気にしていく。
インテリアバレー構想には、
こんな狙いもあるのです。

地元への恩返しのために……

父の事業を継ぎ、食べていくために右も左もわからないままインターネットビジネスの世界に入り、必死で走り続けて、ようやく周りが見えるだけの余裕が、少しだけできました。

そうしたら、私の生まれ育った町からは、すっかり往年の活気が失われていたのです。

家具屋は次々と店を閉め、人の数は減り、幼い頃に通った中学校もなくなってしまいました。このままいけば、状況はさらに悪くなるでしょう。

そんな中で、自分の会社だけが売上を伸ばし、利益を拡大することに、いったいどんな意味があるのか……。

いま私がこうしていられるのは、決して私だけの力ではありません。歴史と伝統のある大川という家具の町に生まれ、木工所の倅《せがれ》として育ち、独り立ちしてから後も、多くの人の支えと助けがあったからです。

ならば、地元に恩返しをするのが私の使命ではないか。そう考えないわけにはいきませんでした。


でも、いったいどうやってそれをやればいいのでしょう。

いちばんシンプルなのは、会社の業績を大きく伸ばすことです。そうすれば、それに伴って納税額も増え、さらに多くの人を雇用することもできますので、確実に町への貢献になります。

しかし、それだけではまだ十分とはいえません。

大川にかつての輝きと賑わいを取り戻す。

これこそが本来の、私がやらなければならない恩返しなのではないか。

いつしか、私はそう考えるようになりました。


当社の掲げる「大川を、世界のインテリアバレーに。」というコーポレートメッセージは、まさにそんな私の思いを言葉にしたものです。

鍵は、D2Cモデル

本書の第1章でも述べたように、私はこれを、絵に描いた餅で終わらせるつもりはさらさらありません。勝算は十分あると思っています。

これからその理由を説明していきましょう。

まず、福岡県大川市は、幸い、現在も家具の町として広く認知されており、木工まつりを開催すれば、九州だけでなく全国から人が来るくらい、その名には高い集客力があります。

もちろん名前だけではなく、一流の技術をもった家具職人の数や、家具関連の産業の多さは他に類をみません。そして、家具の生産高はいまでも日本一なのです。

ただ、大川家具が衰退する原因となった、時代の移ろいとともに人々の生活スタイルが変わり、婚礼家具の需要が減ったという現実は、依然としてそのままです。

少子高齢化が改善することは、想像すらできません。

ところが、いささか口幅ったい言い方ですが、タンスのゲンの売上は上昇基調が続いています。とくにコロナ禍に見舞われた2020年からは、多くの企業が苦境にあえぐ中、当社は巣ごもり需要の恩恵と、いち早く手掛けたDXの効果で、かつてないほど売上を伸ばしました。

そして、タンスのゲンが扱う主力商品は、そう、インテリアじゃないですか。

つまり、こういうことです。

家具の需要が縮小しているといっても、まったくゼロになったわけではありません。

現在、大川全体の家具の生産高が概算で300億円だとしたら、それが全部売れるくらいの市場は日本に残っていますし、世界まで広げれば、可能性はさらに広がります。

それなのに売れないというのは、要するに、「売る力」が弱いのです。せっかく、モノはいいのに、販売力に難があって売れていない。

それは、言葉を換えれば、多くの業者が、現代に合った売り方をしていないということでもあるのです。

ブランドメーカー↓卸売↓小売り↓消費者

これが、従来のビジネス・モデルです。

しかし、これですと、ブランドメーカーと消費者の間に中間業者が入るため、中間コストがかかるうえに、消費者のデータをメーカーが生産や開発に活用することができないというデメリットが生じてしまいます。

一方、現在ネットで主流となっているのが、自らが企画、生産した商品を、消費者とダイレクトに取引するD2Cモデルです。

つまり、

ブランドメーカー↓消費者

という流れです。

このD2Cモデルなら、ブランドメーカーが自社で販売チャネルを確保でき、消費者情報も直接入手してデータ化できます。

そうすれば、消費者のニーズに合わせたサービスが提供できるようになりますので、顧客ロイヤルティが高まって、売上拡大につながるということです。

このように大川の家具メーカーがこぞって、ビジネス・モデルを従来型からD2C型に変更すれば、それだけで大川家具全体の売上が確実に上がるといっても、決して過言ではありません。

「大川留学」のススメ

しかし、ことはそう簡単ではありません。これまで家具の生産だけして、販売にタッチしたこともないメーカーに、ネットを通してD2Cで売りましょうといっても、それは無理というものです。

小売店にしても、オンラインショップを開いて、スマートフォンで撮った商品写真を、そのまま掲載しただけでは、絶対に売れません。

また、消費者と直接つながるからデータが取れますといっても、どんなデータを取ったらいいか、さらに、データの生かし方についてもわからないでしょう。

デジタル化というのは、周りで旗だけ振っても、形だけ真似てもダメ。デジタルやネットに精通した人への適切な指導が不可欠なのです。

また、デジタル化を進めて大川家具の売上を増やすのと同時に、やらなければいけないことは、日本や世界の、家具やインテリアに興味がある人の目を大川に向け、認知度を高めることです。

これを受けて当社は大川市でのネット直販（D2C）に関する相談窓口の設置や、ネットでのイベントへの協力など、市で行われる事業への協力も始めました。

デジタル化が進み、小売店がネットショップで競い合うようになれば、もともと質のいい大川家具の販売量は増え、他地域からの注目度も間違いなく高まります。それが、大川が世界のインテリアバレーになる第一歩です。

そのためには、お金も知恵も汗も惜しみませんし、さまざまな施策を現在考案中ですが、まだまだアイデアが足りていません。

俺なら、こうして世界のインテリア好きを集める。

大川の家具をアピールするための、こんな企画を私にやらせてほしい。

こういった野心をもった人は、大歓迎です。どんどん当社の門を叩いてください。

タンスのゲンはＥＣの会社ですが、「自分は大川のインテリアバレー構想に尽力をしたい」という人も歓迎します。

大川のインテリアバレー構想というのは、言葉を換えれば大川の「地方創生」のことです。

２０１４年に第二次安倍内閣は、地方の人口減少に歯止めをかけ、首都圏への人口の過度の集中を是正し、それぞれの地域で住みよい環境を確保して、将来にわたって活力ある日本社会を維持していくことを目指す目的で「まち・ひと・しごと創生法」を施行しました。それが地方創生です。

地元の産業を活性化し、安定した雇用を生み、消費を促し、地域経済を活性化する。一企業の利益追求を越えた、社会的にも意義の大きいプロジェクトを進めていくには、若いエネルギーが欠かせません。

若い人にはあまりなじみがないかもしれませんが、私の世代なら誰もが知っているフォークの神様、吉田拓郎。その彼の曲の中に、「古い船には、新しい水夫も乗って、新しい海に出る」といったようなフレーズがあります。

そう、大川という古い船を動かせるのは、古い水夫じゃないのです。怖いもの知らずの新しい水夫なのだといえます。

知識や技術などなくても大丈夫。情熱さえあれば、海図やコンパスの使い方はこちらで教えます。

もちろん、ECのプロになりたい人にも、大川は最適な環境です。

前にも書きましたが、当社には豊富なECビジネスのノウハウと、それを5年間で教えるプログラムがあります。当社で働きながらこれらのノウハウを自分のものにすれば、将来、自分で月商10億円のネットショップを立ち上げるのだって夢ではありません。

ですから、たとえば親が地方で小売店を経営していて、いずれは自分が継ぐのだが、そのときはEC化したいと考えているような人にはぴったりだと思います。

そういった方が、当社での仕事を体験した後、地元に戻り、自分の店を変革させていく。そして、地域を活性化しながら、「地方創生」に尽力していく……。実は、インテリアバレー構想には、こういった日本全国を元気にしていこうという狙いもあるのです。

そして、そのためにあるのが、「大川留学」という考え方にもなってきます。


ただ、5年で必要なことをすべて自分のものにするわけですから、それには相当な覚悟が必要です。片手間では無理だとはっきりいっておきます。

その点、大川は都会のように誘惑がありませんので、じっくり仕事と技術や知識の習得に励むにはもってこいなのです。また、自然に恵まれていますので、モノを考えるには適しています。運動をすれば、頭が働くことになるかもしれません。ですので、バスケットボールのコートをつくろうかとも思っています。

とにかく大川は、真っ白いキャンバスのようなところだといえます。だからこそ、これからどんな絵だって描くことができるのです。

もっと刺激的でおもしろい人生を送りたいと思っているなら、5年間、留学のつもりで大川にいらっしゃって、インテリアバレー構想に参加してみませんか。

情熱に見合うだけの宝物を、「大川留学」はきっと与えてくれるはずです。

おわりに

まさか私が本を書くとは、思ってもみませんでした。

かなり思い切ったことまで、白日の下にさらしてしまったような気もしないではありませんが、このようにもう活字になってしまったのですから、あとは野となれ山となれの心境です。


もしかしたら本書を読んで、私の過去や考え方を初めて知ったという当社の社員がいるかもしれません。

それで私や会社のイメージが変わることはないと思いますが、もし、舌足らずの部分や、もっと突っ込んで聞いてみたいところがあれば、遠慮なく社長室のドアをノックしてください。

とにかく、この本がきっかけで、社員とのコミュニケーションがさらに深まるならば、こんなにうれしいことはありません。

それから、本文では伝えきれなかったかもしれませんが、こんな私と会社を信頼し、ついてきてくれたすべての社員に、本当に感謝しています。

私にネットのイロハを教えてくれた楽天市場のスタッフの方々や、お世話になっている各ショッピングモールの方々、取引先の担当者のみなさまにも、あらためて感謝を申し上げます。

そして、タンスのゲンを利用してくださっているお客さまには、感謝してもしきれません。

今回、出版の機会をつくっていただいたイマジナ・代表取締役の関野吉記さま、プレジデント社・執行役員企画編集本部長の金久保徹さま、本書の構成にご協力いただいた山口雅之さまにも、感謝の気持ちでいっぱいです。

いつも私を支えてくれている家族、とくに現在・89歳の母の澄、そして、私を育ててくれた大川にも、最大限の感謝の気持ちを送ります。

ここまで書いたところで、ふとこんなことに気づきました。

私はこれまでさまざまな人と出会い、助けられてここまでたどり着くことができた。

ここからの人生は、受けた恩に報いるためにあるのではないか。

テレビドラマ「半沢直樹」の主人公が発する決めゼリフは、「やられたらやりかえす、倍返しだ」でした。

私は、これからこう言うことにします。

「みなさんありがとう、これからは私がみんなを助ける。恩返しだ！」

この私にどれだけの恩返しができるか、また1つ、挑戦し甲斐のある課題が見つかりました。

2021年8月吉日

タンスのゲン株式会社　代表取締役　橋爪福寿

タンスのゲン株式会社 会社概要

■住所／福岡県大川市下林310－3
■設立／1964年1月／旧社名：有限会社九州工芸
■事業／家具・寝具・家電・インテリア用品等のインターネット通販事業
■企業理念／Design the Future ―暮らしの未来を、デザインする―
■コーポレートメッセージ／大川を、世界のインテリアバレーに。
■経営理念／デザインの力を信じ、幸せをつくる。

沿革

1964年1月　福岡県大川市酒見に橋爪健治が有限会社九州工芸を設立
1991年3月　福岡県筑後市に九州工芸筑後店を開店
2002年7月　インターネット通販を立ち上げ楽天市場に「タンスのゲン」をオープン
2004年5月　「Yahoo!オークション店」をオープン
2006年9月　「本店」をオープン、「ビッダーズ店」をオープン

2006年10月　「Yahoo!ショッピング店」をオープン
2008年11月　新社屋、配送センターを大川市下林に新築し本社移転、
　　　　　　社名を「タンスのゲン株式会社」に変更
2009年5月　楽天市場に収納家具専門店「Storage」をオープン
2009年10月　楽天市場にベッドと寝具の専門店
　　　　　　「EaseSpace」をオープン
2012年5月　Amazonに出店開始
2015年7月　タンスのゲン楽天市場店より海外販売をスタート、
　　　　　　楽天市場にスマートフォンアクセサリー雑貨専門店
　　　　　　「AssortZ」をオープン
2015年12月　タンスのゲンホールディングス株式会社を設立
2016年1月　楽天市場に美容・健康専門店「腸まじめ」をオープン
2019年1月　「Dショッピング店」をオープン
2020年12月　タンスのゲン楽天市場店が月商10億円を突破

売れない時代に、なぜ売れる？

2021年8月31日　第1刷発行

著　者　橋爪福寿
発行者　長坂嘉昭
発行所　株式会社プレジデント社
〒102-8641
東京都千代田区平河町2-16-1 平河町森タワー13階
https://www.president.co.jp/　https://presidentstore.jp/
電話　編集 03-3237-3733
　　　販売 03-3237-3731
販　売　桂木栄一、高橋 徹、川井田美景、森田 巌、末吉秀樹

構　成　山口雅之
装　丁　鈴木美里
組　版　清水絵理子
校　正　株式会社ヴェリタ
制　作　関 結香
編　集　金久保 徹

印刷・製本　大日本印刷株式会社

本書に掲載した画像は、
Shutterstock.comのライセンス許諾により使用しています。

ISBN　978-4-8334-5182-6
Printed in Japan
落丁・乱丁本はお取り替えいたします。